U0147828

≡ 昌明文庫・悅讀國學 ≡

論語智慧與博弈研究

——下冊

倪世和 著

目錄
CONTENTS

第三篇 · **論文篇**

第四篇・國學智慧與民營企業危機管理—學習交流提綱

第五篇・家族企業發展戰略與管理——學習交流提綱

（三十）謝辭

第二篇

論文篇

Research on Crisis Management of Private Enterprises in China

民營企業危機管理研究

Ni Shi he

倪世和

A thesis submitted in partial fulfillment of the requirements of the degree of

DOCTOR OF BUSINESS ADMINISTRATION

經學院學術委員會綜合評審，認為該論文已達到工商管理博士學位的要求，予以通過。

Examiner 1：	評審員 1：
The Academic Board of	教學點 DBA 博士研究生
The Branch College	學術委員會
————————————	————————————
Signature 簽名	Date 日期
Examiner 2：	評審員 2：
The Academic Board of	瑞士維多利亞大學
Victoria University Switzerland	學術委員會
————————————	————————————
Signature 簽名	Date 日期

Declaration

I，5　Ni Shihe　（name），hereby declares that this thesis has been solely undertaken by me and has not been plagiarized from any other related documents，books or materials.

I also agree to deposit this thesis in the library of Victoria University Switzerland for future reference.

_____　　　　　_____

Signature　　　　　　　　　　　Date

聲 明 書

本人　倪世和　鄭重聲明：

此論文由本人撰寫，並無抄襲。同時，本人也同意將此論文收入於本校圖書館，供本院師生參考。

＿＿＿＿＿＿＿＿＿＿　　　　　＿＿＿＿＿＿＿＿＿＿

簽名　　　　　　　　　　　　日期

■ 緒 論

（一）研究背景

世界上所有國家的企業大體包含國有企業和民營企業。而民營企業幾乎都是家族企業，屬於企業之範疇。家族民營企業不僅具有所有企業之共性，而且具有諸多個性——特殊性。

中國的工商企業有數十萬家之多，其中有一半以上屬於非公有制企業即民營企業。民營企業是社會主義市場經濟的重要組成部分，在國民經濟發展中佔有重要的地位，受到國家憲法的肯定。

在我國大陸非公有制經濟中，民營經濟約占 90%左右，全國各地有數百萬城鄉勞動者在民營企業裏就業，為社會和個人創造財富。民營企業納稅約占國家財政收入的 65%左右。

所以，認真研究民營企業的危機管理，增強民營企業的生存競爭力，應是一項十分重要的企業管理研究工作。

在全球範圍內，尤其在發達國家裏，約有 80%的企業為家族民營企業；中國約有 50%左右的企業屬於家族民營企業。早在 2003 年，中國的製造行業中，家族民營企業佔了 38%，商業、餐飲業占 21%，這是中國的兩個最大行業，幾乎接近美國同行業的比例。

（二）世界民營家族企業發展簡介

世界各國的家族民營企業起源於歐洲。早在 18 世紀，法國的汪代爾家族企業、德國的哈尼爾家族企業、西門子家族企業、日本的豐田企業、美國的杜邦企業、意大利的法爾克家族企業等，它們經過非常艱苦的創業，先後發展起來，有的企業成為當今世界上赫赫有名的民營大公司，如德國的西門子公司、美國的杜邦公司以及中國香港的李嘉誠長江實業集團等。

中國民營企業發展回顧：

中國的民營企業早在 19 世紀就出現了，當時有所謂「四大商幫」：山西的晉商、安徽的徽商、浙江的浙商、廣東的粵商。這四大商幫，各有所長，對當時中國社會經濟的發展做出了相當的貢獻。

新中國成立後不久，中國政府對當時的民營資本企業實行「一化三改造」政策，即在不太長的時間內實現國家社會主義工業化，對農業、手工業、民族資本主義工商業實行社會主義改造。在 1953 年那段時間裏，一夜之間，幾乎所有的私營工商業一下變成「公司合營」，統統掛上「公司合營」的牌子。當時，國家對私營企業實行「贖買」政策，對私營工商業評估後，收買股份，一律變成國有經濟，民營工商業隨之銷聲匿跡。這個政策一直延續到 20 世紀 90 年代初。

國家改革開放以後，中國大陸民營企業獲得了長足的發展，上文以作簡要論述。但是，民營企業在發展過程中，也出現了諸多危機問題。

案例 1：原國美總裁黃光裕一度為國內大陸首富。2006 年 10 月 22 日他還擔任杜哈亞運火炬傳遞手，何等風光呀！時隔不久，2008 年 11 月 17 日深夜，黃光裕和國美財務總監被北京警方帶走。緊接著，與黃光裕有牽連的國家公安部、商務部兩名官員被「雙歸」。黃光裕因賄賂、欺詐等罪行被判有期徒刑 14 年。這是中國民營企業在發展過程中暴露出的轟動一時的大案。

　　案例 2：浙江省東陽市的年僅 28 歲僅有初中文化的吳英，2006 年一夜暴富，到 2007 年身陷官司，2009 年 12 月 18 日下午，被當地法院以非法集資罪判處死刑，後多名社會人士上訴此案，於 2011 年改判無期徒刑，免於一死。

　　上述兩個案例足以說明，當前的中國民營企業存在著巨大的經營危機。不僅如此，溫州一些草根民營企業家們不研究市場尤其是國際市場遊戲規則，盲目跑到迪拜去投資樓市，結果被套 30 個億，去山西投資開煤礦，又損失 150 億元。

　　以上兩點就是本人研究民營企業危機管理的有關背景。

研究方法及設計

　　早在 2011 年元月份起，我圍繞維多利亞大學工商管理 DBA 班級教學計劃內容的要求，開始注意搜集相關資料。搜集資料主要在北京大學內博雅書店、王府井新華書店、上海財經大學書店等單位。書店裏的資料浩如煙海，目不暇接。我緊緊圍繞工商企業高端管理內容，精心選擇相關文獻資料，先後用半年時間，選擇購買了數十本文

獻資料。這些資料有國內學者的專著，也有國際管理大師們的論述。所選文獻資料均真實可靠，對我的研究工作非常之有益。

文獻資料整理分析研究和討論

我對搜集的數十本文獻資料大多採用定性分析方法，圍繞企業危機管理從以下幾點進行分析討論。

a 關於企業危機管理的論述：

危機管理是一個重大的課題。比爾·蓋茨先生曾經說過：他的企業只有 18 個月的生存。世界諸多有名的大企業包括民營企業的領導者，都非常重視危機管理，尤其是日本的企業，如稻盛和夫先生在多年的企業經營管理工作中，累積了豐富管理經驗，形成 12 條企業管理哲學經典。他在 78 歲高齡出任日本航空公司總裁，加強危機管理，用一年的時間扭虧為盈。

中國古代偉大的思想家、儒家學派的創始人在他和弟子們人談話中，提出「人無遠慮，必有近憂」之論述；孔子告誡弟子們時時要有「如履薄冰，如臨深淵」的危機意識。

剝卦

在《周易》經典裏，也有掛爻辭強調危機管理。如坤卦「履霜，堅冰至」；左圖《易經》「剝卦」卦義為六個爻，其中初六為陽爻，

其餘五個爻皆為陰爻。這個卦辭意思是看實物不能只看表面，陽面給人以好感，而其餘五個皆為陰爻，就是潛伏之危機。要引起企業領導者的高度重視，同時對每一個危機層面部門認真治理。這個剝卦強調說明人要有危機感，不能只看表面現象，要在企業內部管理給出實際功力。

b 關於競爭的論述：

香港的郎咸平教授近年發表了多篇文章和著作，主要是論述中國企業如何應對外國資本實力打壓，如何增強危機意識，加強危機管理，積極參與國際競爭。

早在 2500 多年前，偉大的孔子就指出：「君子無所爭，必也射乎。揖讓而升，下而飲，其爭也君子。」[1]

偉大孔子用辯證思維論述競爭，君子不爭，其爭也君子。中國民營企業家既要做君子，也要做「武士」，要樹立敢於競爭、善於競爭之思想。要樹立「商才」和「士魂」之理念。

日本的澀澤榮一先生早在 1916 年在其所著《論語與算盤》一書中，積極宣導企業家要做到「一手拿論語，一手拿算盤」，要培養「商才」，要樹立「士魂」，應對和化解企業危機，從而獲得利益。

c 關於誠信的論述：

民營企業家要想經營獲得成功，必須堅持誠信經營的理念。上述

1　程昌明譯注：《論語‧八佾》（太原市：山西古籍出版社，2001 年 6 月），頁 22。

黃光裕、吳英違法經營的案例，充分說明民營企業家誠信缺失所帶來的惡果。

孔子曰：「人而無信，不知其可也。大車無輗，小車無軏，何以行之哉？」[2]

比爾・蓋茨先生說過：「因為說話一定要誠實。……誠實的基礎是信用，而踐踏自己的信用無異於拿自己的人格做典當。」[3]

d 關於領導力的論述：

民營企業管理危機的關鍵是企業領導者領導力。「領導力不完全取決於個人的人格魅力，它是一種行為方式。……光靠頭銜還不夠，你還要自己的行動贏得別人們對你的尊重。」[4]

（三）研究方法和運用的工具

a 讀書學習是理論研究的前提

我自 2008 年 10 月參加北京大學華夏儒商國學院學習，潛心研究儒學與企業管理。近幾年來，我基本熟讀了《論語》、《孟子》、《大學》、《中庸》等儒家經典；其間也選讀一些西方經濟管理學者的論著，如《德魯克管理學》、傑克・韋爾奇所著《贏》、日本澀澤榮一著《一手拿論語 一手拿算盤》及稻盛和夫的經營管理哲學等名

2　《論語・為政》，頁 18。

3　高紅敏：《比爾・蓋茨給青年的 9 個忠告》（臺北市：海鴿文化圖書出版公司，2005 年 10 月），頁 79。

4　〔美〕詹姆斯・庫姆斯、巴裏・庫斯納：《領導力・卓越領導的五種行為》（北京市：電子工業出版社，2010 年 3 月），頁 12。

著。通過精讀原著，理解原典，彌補自己知識之不足，提高自己理論水準，努力使中西文化融匯，為我國的民營企業管理危機工作做點貢獻。

b 調查民營企業危機情況

我自己於 1986 年在一所縣級職業高中做校長期間，利用安徽省教育廳支持的 15000 元職教經費，親自創辦了教學實習基地——消防汽車修理廠，後改為消防科技公司。2003 年底我買斷了企業經營所有權，親自擔任企業過企業的總經理、董事長。2008 年退出企業領導崗位，到北京大學哲學系拜師專心學習國學和管理哲學。

我創辦的民營企業先後發生過幾次危機，歸納起來有兩類：一是天災，二是人禍。每次危機發生，都給企業造成不同的損失，後文將有論述。

c 在論文寫作過程中，充分運用問卷調查分析方法，對民營企業發生的危機進行研究，寫出分析報告，提出規避危機的措施和方略。努力做到知行合一。運用中外先哲合管理大師們的經濟管理思想指導我自己的民營企業，減少和避免發生危機。

五年間，這家民營企業發生六次大的風險教訓是深刻的。

首先，必須遵從國家法規從事經營活動，違反政府政策、法律、法令的事情不能幹；

其次，一定要十分重視抓產品品質和售後服務，盡最大力量建好邊遠地區服務站。

民營企業危機管理問卷調查

（根據對明光浩淼公司 70 位員工問卷整理）

1 企業危機管理重要性：

不重要 □22　重要 □25　非常重要 □43　一般重要 □0

2 企業危機常常表現：

天災 □18　人禍 □22　產品品質 □66　人員跳槽 □24
銷售不給力 □22　顧客常挑剔 □8　技術設計 □25
生產工藝 □21　高層管理不到位 □42　材料品質 □22
員工責任心 □33　違規經營 □21

3 產品品質危機往往是由於：

技術設計不夠精確 □38　工藝檔不夠完備 □25
生產設備不夠先進 □11　品質管制不嚴格 □51
生產一線工人責任心不強 □36　領導重視不夠 □33
銷售合同不精準 □14

4 影響員工積極性主要原因：

分配不公平 □47　領導們關心差 □21　領導者缺乏民主 □23
對員工不夠尊重 □37　人心不夠順暢 □30

5 企業領導者管理主要靠：

權力 □15　仁德 □30　溝通 □58　獎勵 □16　處罰 □7
廣開言路 □25

6 企業員工話語權可以：

越權 □10　不可以越權 □10　只能聽頂頭上司 □11

善意向上級反映 □51　想說就說 □4　願對誰說就對誰說 □3

7 當前本公司危機主要表現在：

產品品質缺陷頻頻發生 □57　市場銷售管理不力 □22

成本無人控制 □24　產品銷售價格失控 □12

產品研發滯後 □35　各部門協調不主動 □35　銷售風險 □9

高層管理者工作方法、作風 □36

8 企業危機預防主要靠：

投資者 □4　總經理團隊 □18　中層管理者 □10

全體員工 □53

■ 民營企業危機管理

摘　要

在導師們的熱情指導下，我選擇《民營企業危機管理》作為我的工商管理 DBA 學位論文題目。

我國的民營企業在國民經濟的半壁河山，具有十分重要的地位。民營企業不僅吸納了數百萬勞動者就業，穩定社會和諸多家庭，而且向國家繳納稅金占國家財政收入的 65% 左右。

民營企業多為中小型企業，國家雖然給予一些優惠政策，但在激烈的國際國內市場競爭中，往往處於劣勢地位，時時充滿危機。

因此，認真研究民營企業危機管理，是經濟學界一項十分重要的理論研究課題。

民營企業危機管理，要從民營企業投資選擇項目著手，制定清晰的戰略發展目標。還要不斷增強民營企業自身的領導力和執行力，創造名牌產品，樹立企業優秀的品牌文化形象，增強競爭博弈制勝之能力。這就是我的研究結論。

以上是本人研究民營企業危機管理之目的和意義。研究過程中，本人習讀了諸多參考文獻，凝聽了北京大學等高等學府多位教授的精彩授課。同時，對我本人親自創辦的民營企業危機管理進行了長期地關注和實踐，運用 SWOT 分析方法對我自己的民營企業不斷進行分析研究總結。

關鍵字：民營，企業，危機，管理，領導力

Abstract

I chose Research on Crisis Management of Private Enterprises in China as the title of my thesis for my DBA with my professor』s heartwarming instructions.

The private enterprises play a significant role in China. They not only provide tens of thousands of jobs for the employees，stabilize society and families，but also pay taxes accounting for 65% in total financial income of the whole country.

Private enterprises in China are mostly small-to-medium sized ones. Although some beneficial policies have been given by our government, they still at disadvantaged situations and often meet crisis in the fierce competitions in domestic and international markets.

Therefore, research on crisis management of private enterprises should be considered as one of the most important theoretical focuses for economic academia.

Crisis management of private enterprises should be started from options of investment to making clear strategic targets for development. In addition，leadership and implementing ability of these private enterprises should be improved and famous brands should be built in order to make well-known brand cultural images and enhance their competitive strength. This has been the author』s solution of research.

All above is the aim to the author』s research on crisis management of private enterprises. The author referred to a lot of documents and listened to lectures given by many professors from Peking University and the other top universities. In the meanwhile, the author has been paying particular attention to his own enterprise in the past many years by constantly analyzing and summarizing using SWOT method.

Key words：private-owned, enterprise, crisis, management, leadership

（一）樹立憂患危機意識

1 樹立危機感

孔子曰：「人無遠慮，必有近憂。」[5]

慮：有二解，一為思考、尋思，二為發愁、擔心，如疑慮、憂慮。本意是指周密思考，並且有一定的目的。

憂：有三意，一是指擔心、發愁，二是指憂患，三是指父母的喪事。憂的本義是指「和之行也」，即從容不迫地行走。

凡是有理智的生活在世界上的人，「都應當思則遠慮，防於未然，則憂患之事不得近至。」[6]此乃告誡人們，一個人若無遠慮，則必有近憂，終日昏昏然，則憂患之事不朝則夕，故而人必有近憂也。

正如比爾‧蓋茨所言：他的公司只有 18 個月的存活期。蓋茨先生曾經是世界上有名的微軟公司的 CEO，他經營的微軟公司業績無與倫比，他還如此具有強烈的危機意識。

中國的民營企業家必須時時事事要有危機意識。領導者們凡事要立足於長遠，切勿短視，尤其是制定公司發展戰略要十分嚴謹，考慮要周詳，每前進一步均要慎之又慎。切不可急躁冒進，否則危機必將降臨。早在上世紀 90 年代，河南省鄭州市的亞細亞公司、山東省濟南市的三株口服液公司都是領導者缺乏危機意識，導致企業一夜之間轟然倒塌。

所以，民營企業的領導者們要具有清醒的頭腦，要居安思危、慮

5　《論語‧衛靈公》，頁 171。

6　程樹德：《論語集釋》（北京市：中華書局，2008 年 2 月），頁 1093。

危，危即生於安，安可轉為危，陰陽互變，致使企業破產、員工失業，影響社會諸多家庭生活之穩定。

2 民營企業危機管理應變力

民營企業領導者既要有決策能力和執行能力，亦要具有應變危機之能力。因大千世界不知道何時會發生意想不到的事情，尤其是天災如地震、洪水、泥石流、狂風暴雨、暴風雪、等自然災害頻頻降臨，始料不及。還有「人禍」，即國內外恐怖分子製造突發事件，諸如暴亂、爆炸、放火、投毒、綁架等。一旦發生突發事件，會給百姓帶來不安、恐懼、災難。故而卓越的企業領導者在突發災難來臨之際，要具有超強的心理素質和快速應變能力。

「凡事豫則立，不豫則廢。」[7]企業領導者亦應如此。當公司出現風險之時，要盡快調整自己的心態，冷靜應對出現的事件，切勿急躁，切勿喪失信心。2009 年先後發生的「輪胎特保案」、「優質大豆被騙案」「廣西玉米種子案」等風險危機事件，不僅給國家和企業造成了巨大的經濟損，而且中國人的「面子」威風掃地。所以，中國企業尤其是民營企業家們時時事事要多多慮危機的發生，遵從孔子先哲的教誨，對國內外競爭對手們要「視其所以，觀其所由，察其所安。人焉廋哉？人焉廋哉！」警惕競爭者設計的圈套，研究他們的用心，不斷地總結經驗，吸取教訓。在經營過程中，做到視、觀、察，一些人的險惡用心就藏不住了。

研究企業危機風險，大體有以下幾種可能發生的事情：

7　《四書‧中庸》，第 20 章，頁 126。

首先，產品品質風險。公司遭顧客投訴，嚴重的被媒體曝光，政府行業管理部門處罰。此時，企業面臨著失去顧客，產品滯銷，引起公司內部員工動盪，人心浮動。

第二，違規經營風險。企業遭政府法律追查，公司法人代表被刑拘關押。很快會引起公司「地震」，如國美的黃光裕案件，致使國美公司元氣大傷。

第三，財務風險。由於制度缺乏監管，企業財務資金突然遭洗錢重創，財務人員捲款而去。例如，蘇州某企業財務總監攜帶 300 萬元而去，企業領導者採取了積極的應對措施，有效減少了企業的損失。

第四，市場銷售人員突然「跳槽」，卷走企業多年經營的客戶，失去某些銷售市場。

第五，潛規則風險。由於當前政府採購法流於形式，市場潛規則暗流湧動，企業銷售業務員為了爭奪市場，幾乎絞盡腦汁，無所不用其極。尤其是「回扣」風盛行，如一地「翻船」，將會招致全軍覆沒也。

第六，安全風險。企業內部由於管理不慎，導致工傷事故；加之新勞動法規定：員工上下班在路途中發生的人生傷亡事故，均由企業承擔。企業一旦發生員工人身傷亡事故，公司領導人頓時壓力倍增焉。

第七，前面所言天災——自然災害風險。如 2008 年 5 月 12 日的中國四川汶川大地震，亞洲最大的綿陽市東方電機廠遭受重大損失，

一批技術骨幹不幸遇難，廠房幾乎變為廢墟。去年 3 月 11 日日本宮城縣、岩首縣、福島縣發生裏氏 9 級特大地震，致使日本企業遭受損失極為慘重。

以上幾點是所有企業可能遇到的或普遍存在的風險。除自然災害具有突發性、不可預見性之外，其餘風險，稍有不慎，說不定風就會降臨到經營者的面前。所以，企業的領導者一定要有應對各種風險之能力，這也是競爭制勝不可或缺的基本素質。

民營企業危機還有以下幾個方面：

如前所述，天災如地震、暴雨、風雪災害等。自然災害來臨不僅民營企業再劫難逃，國有企業亦難避免。但是，國有企業有國家政府的支持，抗災能力比民營企業強多倍。

資金短缺：民營企業往往得不到銀行的資金支持，使得經營周轉金斷流，影響民營企業的生存和發展。國有企業有銀行的鼎力支持，政府救助，所以它們一般不會發生資金周轉困境現象的。

人才短缺：民營企業尤其是中小城市的民營企業，往往因招攬人才條件所限，招聘不到高端人才，既是能一時引進少數個別高端人才，又因激勵機制問題，不久就會離去，因此人才問題嚴重制約企業創新。

違規經營：前文所述民營企業投資人法制觀念淡薄，大多急功近利，為了競爭獲利，不擇手段，找關係行賄，嚴重者觸犯國家法律。上述黃光裕、吳英案例，足以證明民營企業經營過程中，存在著巨大

的風險和危機。

正如孔子所言：「放於利而行，多怨矣。」[8]於利與己，必害於人，亦害於己，故必引起各方怨恨。

當今社會，物欲橫流。貪官無數，近幾年有 66 萬名各級大小官員被處罰。就連北京大學法律系畢業的薄谷開來女士，身為律師事務所主任，為圖財而不擇手段謀害英國人，招致獲死緩之罪。其夫薄熙來君身為中共政治局委員，黨和國家領導人，亦因觸犯黨紀國法，必將受到嚴厲地制裁。

從以上幾點論述不難看出，當今民營企業風險多多，危機四伏！

3 SWOT 分析

民營企業的領導者要不時進行危機分析，管理學稱之為 SWOT 分析。主要內容為：

優勢（Strengthens）、劣勢（Weakness）；
機會（Opportunity、威脅（Threatens）。

民營企業領導者要依據上述四個方面，對本企業進行有效地分析。既要分析本企業優勢，更要分析本企業劣勢，認真分析研究商機，更要分析研究來自各方面的威脅。研究分析失敗原因，就是分析研究成功。失敗是成功之母，成功是失敗之子。人們做任何事情不會一開始就馬到成功的，總是經過多次挫折，才能取得勝利的。沒有失敗，就沒有成功。努力做到越敗越戰，越戰越勇。遵從孔子之教誨：

8　《論語・里仁》，頁3。

「知者不惑，仁者不憂，勇者不懼。」[9]民營企業的領導者不僅要做智者，還要做仁者，更要做勇者。

（二）企業戰略危機管理

1 圍繞產品選擇戰略目標

民營企業領導者如何制定公司發展戰略，選擇發展目標？早在2500 多年前，孔子曰：「君子之於天下也，無適也，無莫也，義之與比。」[10]義：宜也，符合道理。比：挨著、靠近。

孔子之意是說：君子對於世界上的事情，如何去做？沒有固定不變的模式，要求一定要這樣去做，即「無適也」；也沒有規定一定不能這樣去做，即「無莫也」。而是只要符合情理，即「義之與比」，怎樣合乎義理，貼近並符合實際，就可以去做。

民營企業領導人在制定發展戰略的時候，沒有固定的、一成不變的模式。因各企業規模不同，內部組織結構各異，產品不同，服務方式亦有所不同。所以，各企業選擇的發展戰略目標及實施目標的手段、措施，均會有所不同。

如何制定企業發展戰略目標？傑克・韋爾奇先生說：「戰略完全是圍繞自己的產品展開的。……戰略完全是圍繞自己的服務展開的。」[11]這裏韋爾奇先生強調企業在制定發展戰略時，要緊緊抓住兩

9　《論語・子罕》，頁 97。
10　《論語・里仁》，頁 35。
11　傑克・韋爾奇：《贏》，頁 154、155。

點：一是「完全是圍繞自己的產品展開的」。二是「完全圍繞自己的服務展開的」。

首先，企業是生產產品的組織。企業的產品主要有物質產品和文化精神產品、服務產品三大類。每一個企業要用自己公司的產品去滿足顧客的需求，無論是物質產品、服務產品還是文化精神產品，都必須適合市場使用者的需要。所以，企業在制定發展戰略時，一定要考慮生產何種產品，才能滿足顧客之需求？才具有競爭力？才可能得到顧客之認可？才有希望獲得經濟效益？這就是企業領導者制定公司發展戰略的指導思想和出發點。只要緊緊圍繞產品和服務進行認真的研究，就會「反大眾化」即中國企業家們常說的「差異化」。

任何一個企業為社會作貢獻，要靠銷售產品，獲得利益後依法納稅，同時吸收社會勞動力就業，為社會和諧穩定作貢獻。所以，無論是國有企業、民營企業、還是合資企業及向外拓展並購企業，企業家從策劃到投資興建廠房、到研發產品，必須有明確的目標。設定經營目標，制定實現目標的措施，這就是企業的經營戰略。

「戰略其實就是對如何開展競爭的問題作出清晰的選擇。……當你思考戰略的時候，要考慮反大眾化的方法。要儘量創造與眾不同的產品和服務。讓顧客離不開你。」[12]

企業制定戰略，就是為了在市場競爭中取勝，對此作出清晰的選擇。企業領導在思考戰略時，就是上文所說的，要設定你公司的產品與眾不同。所謂「反大眾化」就是中國企業家門常說的「差異化」，

12 傑克‧韋爾奇：《贏》，頁155、157。

即「人無我有，人有我憂，人憂我轉」。使公司的產品遠離大眾化，「而靠創造高附加值的產品越近越好。」（韋爾奇語）用「反大眾化」的高端優質產品吸引顧客，刺激消費，就有可能有效阻止同行進入，只有這樣的戰略才能在競爭中制勝焉。

傑克・韋爾奇先生強調：服務是競爭取勝的非常重要的手段。企業賣了產品給顧客，售後服務一定要緊緊跟上。售後服務是產品品質的延伸。一旦產品在顧客使用過程中，發現缺陷，影響商品的使用價值，就會引起顧客的抱怨。如果服務不及時到位，顧客就會投訴，媒體就有可能曝光，你公司就會失去市場，嚴重者導致關門停產，甚至於企業在一夜之間可能轟然倒塌。

案例：我在明光市擔任高級職業中學校長期間，於 1986 年創辦了汽車、消防車維修廠。自 1986 年 4 月起至 1995 年底，10 年間以維修普通汽車消防車為主，經濟效益微薄。1995 年 9 月獲得了國家公安部和當時的機械部汽車司的生產資質，積極開始研製消防車。由於我們當時技術力量不足，產品缺陷多多。2002 年 5 月，雲南省楚雄市公安消防支隊從我們公司採購了 5 輛消防車，其中一輛東風 153 水罐消防車泵室儀表板安裝螺絲未擰緊，車子行駛剛過昆明 70 公里處，儀表板螺絲鬆動脫落掉下來了，駕駛員立即打電話回公司，公司當即組織技術人員和師傅，於次日上午從南京乘飛機趕到昆明，立即轉汽車於下午趕到楚雄，僅用一個小時就把儀表板裝好，順利交接驗收。該支隊主要領導說：你們企業產品品質出了故障，沒想到你們企業服務這麼及時。當日晚上，那位領導還親自設宴招待我們的服務人員。從此，楚雄支隊和我們企業建立了良好的合作關係。後來，那位

姓董的政委調到玉溪消防支隊任一把手，又大力推薦我們公司的產品，從而拓展了雲南省昆明、玉溪、曲靖、大理、麗江等地消防車銷售市場。2011 年 5 月，通過雲南消防總隊介紹，出口兩輛消防車到老撾王國。

企業一定要用真誠對待顧客，遵從先哲之教誨，為朋友謀事要忠誠、言必守信。只有對顧客真誠，才能使顧客滿意，才能讓顧客回頭，這就是民營企業戰略競爭力的活力所在矣。

孔子「無適也，無莫也。義之與比」.之教誨，即是說：君子思考問題沒有一定的模式，只要能貼近實際，符合情理，就可以了。

首先，企業領導者要制定企業發展戰略規劃，只要大方向正確，目標清晰，就能「找到聰敏、實用、快速的能夠獲得持續競爭優勢的辦法。」（韋爾奇語）所謂「聰敏」即與眾不同、差異化、「反大眾化」。制定的措施要實用，戰略規劃文稿要簡單明瞭，不煩瑣，人人能看懂，人人會操作。還要「快速」，這是在強調辦事速度與效率。行動成就未來，拖拉導致平庸。學習子路辦事「無宿諾」。《易經》裏講的「與時消息」，就是強調做事要有效率。

其次，企業領導者要精心選擇合適的人，去做正確的事。這很重要，只有選對人，才能做對事，才能確保公司目標規劃順利實現。關於人力資源開發，待後面再作論述。

第三，企業家制定公司發展戰略規劃，要留有餘地，保持一定的寬度，保持不斷補充新的產品專案以增加企業後勁。傑克‧韋爾奇先

生說：「我們的項目之所以有這樣的生命力，最主要的還是因為它建立在如下兩個牢不可破的原則上：大眾化是糟糕的，人才決定一切。」[13]這說明任何一個企業要想長盛不衰，要下功夫開發新產品，堅決遠離大眾化，否則就糟糕了，企業就無生命力了。

案例：一個民營企業發展戰略案例分析：

安徽省明光浩淼消防科技發展有限公司成立於 1986 年。其前身是一家以維修汽車、消防車為主營的校辦小企業，初始期有員工人14 名，年營業額幾萬元至幾十萬元。2004 年改制為民營企業，由原創辦人買斷產權和經營權。成立了明光浩淼消防科技有限責任公司。經過「十五」、尤其是「十一五」期間的發展，到 2010 年實現年銷售收入 2.2 億元。

為了迎接國家第十二個五年計劃的實施，浩淼消防科技公司近日制定了「十二五戰略發展規劃」。（試行稿。）由三部分構成：

第一部分：「十一五」企業經營發展情況回顧：

2006——2010 年經營業績分析：

a 固定資產投資：購置土地 170 畝；

b 新建廠房 16000 平方公尺；

c 新建辦公樓 2400 平方公尺；

d 招聘大學生 30 多名；

e 改造、新建員工住房 500 平方公尺；

13　傑克・韋爾奇：《贏》，頁 156。

f 固定資產增值 15000 萬元；

g 生產各型消防車 1600 輛；

h 實現銷售收入 8 億元;

i 繳納稅金 3800 萬元；捐資社會 202 萬元；

j 拓展軌跡市場，出口消防車業務起步（4 輛）；

k 研發新產品 60 多項；獲得國家適用新型專利 20 多項，其中發明專利 2 項。

第二部分：「十二五」公司發展戰略分析要點：

第一：企業外部戰略分析：

a 企業外部經營環境分析：大環境有利於企業發展，隨著經濟建設發展，對公共安全產品需求量逐年上陞。

b 政府管制政策分析：產品品質管制越來越嚴格；政府集中採購逐漸規範。

c 行業領域競爭狀況分析：全國有資格生產企業由原來的 8 家增加到 45 家，競爭非常之激烈。

d 價格分析：政府公開招標，基本上低價中標，企業利潤空間越來越小。

第二：企業內部戰略分析：

a 物質資源：可滿足年產 500—600 輛消防車的生產能力。

b 人力資源：全廠有員工 340 多名，大專以上文化 50 多名，高中中專畢業生 200 多名。

c 組織狀況：公司設股東會、董事會、總經理高管團隊、中層職能執行機構 6 各部門；4 個生產車間。

d 管理狀況：高管團隊智力均繫大學本科畢業，管理能力較強且有較長時間的企業管理經驗；中層執行團隊文化層次較高，年輕，協調、組織、執行力較強。

第三：戰略規劃選擇：

a 戰略態勢指導方針：求穩、求精、求進、創新、競爭制勝。

b 產品戰略：專業化經營為主，積極發展多元化經營。

c 市場戰略：立足國內、開拓國際。

d 防風險戰略：依法經營，精細管理，預防風險和危機。

第四：戰略實施分析：

a 圍繞「產品和服務」進行思考定位，走「反大眾化」之路。

b 改善公司高層管理團隊，充分發揮「特殊器官」的領導作用。

c 加強中層執行機構建設，實現扁平化管理，提高辦事效率。

d 加強文化建設，培養企業核心競爭制勝力。

e 規範內外服務標準，內部以員工滿意為關注焦點，外部以顧客滿意為公司全員關注焦點，努力實現經營目標。

f 經營目標選擇：

產量目標：5 年裏計劃生產各型消防車 2500 輛左右，消防水泵 2000 臺左右；

品質目標：國家法規項合格率 100%；非法規項合格率 95%；

市場目標：鞏固國內市場，積極開拓國際市場。

銷售目標：年增長 20%左右。

服務目標：國內使用者 4 小時應答，24—48 小時服務到達直接使用者單位；

稅金目標：5 年計劃納稅金 8000 萬元左右。

固定資產投資目標：5 年裏安排技術設備改造資金 4000 萬元左右。

技術研發投入目標：計劃研發高端新產品 20 項，申請專利 30 項；投入研發經費 2500 萬元左右。

員工薪酬收入目標：一線生產工人收入年增長 10%以上。

民營企業的投資人審慎地制定企業戰略目標，應是危機管理的非常重要的第一步棋。

國家發展需制定中長期戰略規劃，企業發展也須制定戰略規劃。企業發展戰略規劃設計要成立有主要負責人參加的戰略規劃組織，內中應有技術、市場、財務、法律等方面具有決策能力的專門人才。

上海交通大學教授許定先生是當代研究企業戰略管理的專家之一。他在《戰略管理與創新》講稿中指出：企業要發展就必須制定戰略規劃，研究戰略態勢，明確戰略發展方向即願景，採取審慎的戰略發展步驟。制定企業發展戰略的過程就是謀劃企業戰略決策的過程。

企業制定戰略決策既要慎穩又要果斷。早在 2500 多年前，孔子曾經和魯國權臣季文子有過一段對話：季文子三思而後行。子聞之，曰：「再，斯可矣。」[14]季文子：人名，姓季孫，名行父，謚號「文」，是魯國大夫。

　　孔子聽說季文子辦事反覆考慮，過于謹慎，「三思而後行」，欲辦一件事情，想了又想，孔子故而說：辦事情考慮兩次就可以了，不需反反覆覆，優柔寡斷。所以，孔子認為做事情考慮兩次就可以了，不必多次去思考。

　　企業領導者作重大決策必須要謹慎、心細，避免決策失誤，錯失良機，造成不可挽回的損失。但是，如果過分謹慎、小心翼翼，當斷不斷，就會貽誤戰機或商機，失去競爭取勝之有利時機。

　　作為領導者，無論是黨政機關一把手，還是企業老闆、老總，要使事業取得成功，都務必做到「再，斯可行矣」。也就是說，必須具有戰略決策之能力也。美國企業管理大師傑克・韋爾奇先生曾經說過：速度就是一切，是市場競爭不可或缺的重要因素！

2 戰略決策能力

　　民營企業領導者的戰略決策力是領導力的重要內容，是事業獲得成功的基本保證。尤其是企業投資人和主要領導者，只有作出清晰的戰略決策，選擇實施戰略的方法即策略，企業才能立於不敗之地。

　　何謂企業戰略？前文已做些論述，茲在做些說明。清華大學劉冀

---

14 《論語・公冶長》，頁 48。

生教授研究：戰略一詞源自希臘語，它的含義是「將軍指揮軍隊的藝術」。劉教授指出：企業戰略一詞是從 1965 年美國經濟學家安索夫著《企業戰略論》一書面世後，才開始逐漸得到廣泛的應用。後來，戰略一詞還應用到軍事、社會、經濟、文化、教育、科技等部門。

「企業戰略是企業根據其外部環境及企業內部資源和能力狀況，為求得企業生存和長期穩定的發展，為不斷地獲得新的競爭優勢，對企業發展目標、達成目標的途徑和手段的總體謀劃。」[15]

劉教授對企業戰略所作的定義，概括有以下幾個要點：

a 企業戰略是企業的發展目標；

b 是實現或達成目標的途徑；

c 是實現或達成目標的手段；

d 制定企業發展目標、達成或實現目標的途徑、實現目標須採取的手段，幾個要點綜合在一起，企業就有了總體戰略規劃了。

e 制定企業發展戰略要分析企業的內、外部資源、環境，企業競爭能力和優勢。對以上幾個方面作出科學分析，亦可稱之為企業發展戰略分析之後，才能制定出企業發展戰略目標和總體規劃。

制定企業發展戰略目標，是非常重要的一件大事。因為企業發展戰略要具有科學性和競爭性，對企業各方面的資源和環境要作仔細的科學的戰略分析，認真的研究，權衡利弊，作出判斷。千萬不能盲目

15 劉冀生編著：《企業戰略管理‧企業戰略的概念與特徵》（太原市：清華大學出版社，2010 年 4 月），頁 1。

草率，更不能輕信他人尤其是洋人之忽悠。像廣西玉米案，就是由於地方政府某些官員為了招商引資，出發點應該說是好的，但由於對發展目標不清晰，亦未能視明洋人之所以，輕信老外虛假之妄言，給地方百姓種植業帶來巨大的經濟損失。

制定企業發展戰略，是企業老闆及高管執行團隊高智商的體現，亦是企業高層管理者思考力、觀察力、分析力、判斷力、決策力的綜合能力之檢驗。要把握企業發展全域，高瞻遠矚，目標清晰，戰略規劃可操作性要強。一個企業的領導者能率領團隊，制定出具有時代特徵的公司發展戰略規劃，這樣的領導者們無往而不勝矣。

孔子言季文子做事勿謹慎過頭，我理解是孔子告誡人們考慮問題時，勿優柔寡斷，否則到頭來必將一事無成也。所以，一位好的企業領導者，思考問題既要慎思之，又要「再，斯可行也。」這就是企業領導人的決策力。

世界級管理大師傑克・韋爾奇先生說：「企業戰略不過是鮮活的、有呼吸的、完全動態的遊戲而已。它是有趣的、迅速的，是有生命的。……真實的生活中，戰略其實是直截了當的。你選準一個努力的方向，然後不顧一切地實現它罷了。」[16]

傑克・韋爾奇關於戰略的定義，採用了擬人的詞語，強調「戰略」是「鮮活的」「有呼吸的」，並且是「有趣的」「迅速的」。這就把「戰略」一詞描述得非常生動、形象，便於人們記憶和理解。這是韋爾奇先生積極思維方式的體現，也是他多年從事 Ge 管理工作經

16　傑克・韋爾奇：《贏》（北京市：中信出版社，2007 年 9 月），頁 153。

驗的科學總結和智慧的結晶。這就要求民營企業家在制定企業發展戰略時，思維不能僵化，不能死板，要把公司發展戰略當成「鮮活的」有「呼吸的」、有生命力的人一樣，具有明確的奮鬥目標。民營企業領導者要用公司發展之美好願景，動員、組織企業員工「不顧一切地去實現它罷了」。這裏的「不顧一切地去實現」，就是指市場競爭要有膽略和勇氣，要敢於拼搏，善於制勝也。

3 產品差異化戰略

民營企業家投資開工廠，首先選擇做什麼產品能獲得效益，才能獲得利潤。即使你想開個小排檔餐飲業，也要選擇最好的地點，做何種餐點，才能贏得顧客之滿意。

這就要求民營企業投資人制定企業產品戰略目標時，要走「反大眾化」方向，（韋爾奇語）。也就是人們常說的「差異化」，用「人無我有」的商品，吸引顧客，刺激消費，獲得利潤。

創名牌，是民營企業領導者加強危機管理，獲取效益的非常重要的戰略決策。一旦你的企業有幾個名牌產品，在激烈地市場競爭中，就能立於不敗之地。就拿目前的中國手機市場來研究，美國的蘋果、韓國的三星兩個企業的手機幾乎佔領了中國大陸手機市場 99%的份額，國產手機市場只占 1%的份額。

4 企業品牌化

民營企業積極創造名牌產品的同時，還要大力創造企業品牌。品牌是企業文化之體現，是企業員工精神之形象。前面所言美國蘋果、韓國三星企業，都是具有相當產業文化的企業。中國有諸多民營企業

創造出優秀品牌，如服裝行業的雅戈爾服飾、聯想公司的多款電腦、海爾企業等；但總體而言，中國企業尤其是民營企業，具有品牌競爭力的為數不多，究其原因，民營企業缺乏具有競爭力的文化，因而不被購買者所認可。

（三）領導力

1 管理是器官

民營企業領導者的領導力決定企業博弈制勝。這就要求企業領導者充分運用自己的器官，認真管理自己的企業。

傑克·韋爾奇先生指出：「管理是現代機構的特殊器官」。如何理解管理大師關於管理一詞的經典論述？我淺見如下：

a 企業管理工作是由一群人來執行的，人有眼、耳、鼻、身、腦、意等器官。人的器官與動物的器官有同有異，同者動物皆有人的各種器官，不同者人的大腦會思考，而動物的大腦一般都不會思考。正如孟子所言：心之官則思也。

b 現代人運用自己的各種器官管理現代企業；

c 所以管理就是器官，就是現代機構的特殊器官。大師把企業視為現代機構，由一群具有特殊功能的人們進行管理，故視管理為現代機構的特殊器官。這個經典論述是當今世界管理學獨一無二的。

2 思考力

韋爾奇先生把管理視為現代機構的特殊器官，這與我國的孔子早

在紀元前 500 多年前關於管理的論述何其相似乃爾。

孔子曰：「君子有九思：視思明，聽思聰，色思溫，貌思恭，言思忠，事思敬，疑思問，忿思難，見得思義。」[17]

孔子之意是說：君子在處人處事之時，有九個方面的問題需要考慮和注意：看人和事時，要考慮是否看明白了，看清楚了，不僅要看外表，還要看內在本質，外表是本質的反映；聽他人之言，要考慮是否聽明白了，聽清楚了。不能只聽讚揚之言，還須聽逆耳之言；和他人見面交談時，要看他的臉色表情是否真誠溫和，或虛情假意，或裝著偽善；態度容貌是否莊重，還是一副狡猾面孔；對方說話是否實在、忠誠；做事是否誠心誠意；若遇到疑難之事，要考慮如何請教他人；遇到不順心之時，不要發怒；遇到有利可得之時，要考慮先義後利。

程樹德先生《論語集釋》引《考證》：「古人之辭，凡極言其多者曰九，如叛者九國，反者九起，皆是也。君子有九思，止是其言反覆思惟耳。既有九思之目，因姑舉九事以實之。非以此盡君子之思也。」[18]

孔子之「九思」，強調一個「思」字。思：在古文裏作「恖」，其義「睿」也。從心、從囟。囟即動物的頭腦蓋，此專指人的頭腦蓋。「內經云『腦為髓之海，其輪上在於其蓋。由是言之，思者，主

17　《論語・季氏》，頁 184。

18　程樹德：《論語集釋》（北京市：中華書局，2008 年 2 月），頁 1160。

於心而通於腦焉。」[19]可見「思」字對於一個人視、聽、察之重要焉。

　　思之義有：動腦筋、思考，想，深思熟慮；想念、懷念、思念、牽掛；在思考問題構成中形成的思路、構想。思的過程即大腦活動的過程，仁德者的一切言語、表情、乃至於行動，都是由大腦神經系統而生成的。所謂「心想事成」，可見「心」的作用全在於「思」和「想」，「心想」即腦動也。

　　任何一個人都有頭腦，有頭腦就有思之器官。只要是一個正常之人，從幼童成長到十五歲志於學，再到三十而立，四十而不惑，五十而知天命，六十而耳順，七十而從心所欲，不逾矩。人在各年齡段的知識、經驗、能力都有所進步和提高，只是有差別而已。差別的形成與人的思考能力關係極大，善思者明也、聰也、睿也、智也。善思必善用腦，善用腦者必敏銳，思路必開闊，思維必多向。孔子論述君子九思，唯思是主焉。

　　九思均以視為先，因為人與外界接觸，幾乎都是先以目視為先。目視距離遠於聽之距離好多倍也，故目視在先，聽之在後。即便大家相遇而見，總是先看見對方走近才有握手、言語之動作，才能看清對方色與貌之溫否、恭否？舉止莊重否？程先生引《集注》：「視無所蔽則明無不見。聽無所壅，則聽無不聞。色見於面者。貌，舉身而言。思問則疑不蓄，思難則忿必懲，思義則得不苟。」[20]

19　《論語集釋》，頁 1160。
20　《論語集釋》，頁 1160-1161。

《孟子譯注》：公都子問曰：「鈞是人也，或為大人，或為小人，何也？」

孟子曰：「從其大體為大人，從其小體為小人。」

曰：「鈞是人也，或從其大體，或從其小體，何也？」曰：「耳目之官不思，而蔽於物。物物交，則引之而已矣。心之官則思，思則得之，不思則不得也。此天之所與我者。先立乎其大者，則其小者不能奪也。此為大人而已矣。」[21]

上段文字為古文，可譯成白話文如下：

公都子一天問孟子：同樣都是人。為何有的人是君子，有的人是小人？

孟子回答說：求其自身重要器官需要的是君子，僅滿足身體次要器官之需要的，是小人。

問道：同樣都是人，有的人要求滿足重要器官之需要，有的人只要求滿足次要器官之需要，這是為什麼？

孟子答道：耳朵眼睛這類器官不會思考，所以容易被外界之物所蒙蔽。（因此，耳朵不過是一物罷了。）一與外界相接觸，便會被引向迷途。而大人之心這個器官之功能在於思考。一思考便得著，不思考便得不著。這個器官是老天特意給人類的，（即父母所賜也）。因此，人的心是重要器官，要把它豎起來，這樣，次要器官便不會被蒙

21　楊伯俊譯注：《孟子譯注・告子・章句上》（北京市：中華書局，2008 年 3 月），頁 270。

蔽了。用心思考的人，就是大人也。思考的過程亦是不斷總結、不斷更新、不斷學習之過程也。

正如孔子教導弟子們：「學而不思則罔，思而不學則殆。」[22] 罔：蒙蔽，欺騙。殆：疑惑。這裏孔子強調思考和讀書的關係，不能死讀書，讀死書，要邊學習邊思考，加深書本知識的理解，盡可能的聯繫實際，學活用活，才可避免發生「罔」和「殆」。

因此，民營企業的領導者只有遇事視得明，看得清，聽他人之言要分辨其目的何意？學會孫悟空火眼金晴，善於思考，辨別真偽，才能在國際、國內競爭中，制定正確的戰略和正確的策略，立於不敗之地。

歐洲古代哲學源自希臘。公元前 6 至 5 世紀，希臘出現了眾多富於思索宇宙的思想家、哲學家。他們關注宇宙和人生，談論社會和自然發生的許多現象。一時間思想界出現了多樣性，五光十色，非常之活躍。一大批智者應運而生。如蘇格拉底、亞里斯多德、畢達哥拉斯等人形成了「智慧之師」。由於古代希臘眾多先哲的積極探索，為後世歐洲哲學體系的形成奠定了基礎。

在「智慧之師」的隊伍中，有一位名叫德謨克里特的，出生於公元前 460 年，卒於公元前 370 年，幾乎活 100 歲高齡。平時，「他深居簡處，專心致力於研究和沉思。……他涉獵的範圍極其廣泛，涵蓋了數學、物理學、天文學、航海學、地理學、生物學、心理學、醫

22 《論語‧為政》，頁 15。

學、音樂以及哲學等諸多領域。」[23]

思維能力源於心和大腦。思維是什麼？「思維是人們接受信息、加工信息以及輸出信息的活動過程，而且是概括地反映客觀現實的過程，這是思維本質的信息理論觀點。」[24]也就是說，人的思維與大腦密不可分，所謂加工信息，完全靠大腦活動，去粗取精，去偽存真，由此及彼，由表及裏，而且需要進行多次加工「篩選」之後，才能得出科學的結論。

人對事物的認識過程其實也是人的大腦思維活動的過程。徐斌教授進一步分析說：「生理學認為，思維是一種高級的生理現象，是腦內一種生化反映的過程，是產生第二信號系統的源泉。」[25]徐教授言及的人的第二次信號系統，是俄國生物學家巴甫洛夫經過多年潛心研究的科學成果。它是以人的語言作為輸出信號，對被接受者進行刺激時，而產生的反應。好比一對身處異地的青年男女戀人在用語言交流感情時，所傳遞的信息會使對方激動不已。這就是人的第二信號系統在起作用。

現代民營企業的領導者只有像古希臘眾多智者那樣，多思多想，充分運用自己的重要器官，遵循孔子「君子九思「之教誨，領會孟子之論述，多用心，勤用腦，不斷提高自己的思維能力，對各種人物輸

---

23 〔德〕漢斯・約阿西姆・施杜裏希著，呂叔君譯：《世界哲學史》（山東畫報出版社，2007 年 7 月），頁 84。

24 徐斌編著：《創新頭腦風暴》（北京市：人民郵電出版社，2010 年 5 月），頁 3。

25 徐斌編著：《創新頭腦風暴》（北京市：人民郵電出版社，2010 年 5 月），頁 3。

出的語言進行認真的思考，「視其所以，觀其所由，察其所安」。就能在複雜的競爭環境下，不會迷途，不會再發生類似「輪胎特保案」「大豆種子案」，避免給國家、企業造成嚴重的損失焉。

如何培養與訓練人的思維能力？這裏就不去研究和論述了。市場上書店裏訓練思維能力的教科書非常之多。訓練、培養思維能力須多實踐。毛澤東先生曾經說過：在戰爭中學會戰爭，在游泳中學會游泳。只有在不斷的實踐過程中，善於用心思、勤於用腦想，總結成功經驗，吸取失敗教訓，才能制定出正確的戰略決策。

3 溝通凝聚力

孔子還講為政要「勞之」。古人有「勞則思，思則善心生；逸則淫，淫則忘善，忘善則噁心生」的古訓。一個人即使在環境優越的條件下，也須防止產生驕奢淫逸，需時時保持警醒。近年許多政府官員下馬，大都與貪淫有直接的關係。俗語言：一年之計在於春，一生之際在於勤。農村百姓常說：勤快勤快，有飯有菜；懶惰懶惰，受凍受餓。此雖民間百姓通俗之言語，的確非常生動形象且富有哲理也。

孔子又講了「無倦」，就是為政要不知疲勞，做官不要懈怠。對百姓要「造次必於是，顛沛必於是」，做到「一沐三握髮，一飯三吐哺（哺：bu）」。也就是說，為政者一刻也不要離開「仁」，即使一頓飯（造次）時間，有百姓來訪，也要接待的；即使在旅途之中，也要隨時與百姓交談。這就是「無倦」也。

子曰：「其身正，不令而行；其身不正，雖令不從。」[26]孔子之
_____
26　《論語・子路》，頁138。

意是說：為政當官者自身要行得穩，坐得正，品行端莊，以身作則，用好作風影響民眾，即使不發佈命令，百姓也會自覺遵守與執行法度；如果自身貪、嗔、癡，品行惡劣，心術不正，這樣的官員、領導者必無威信，正所謂「君子不重則不威」也。[27]

《大學》曰：「自天子以至庶人，皆以修身為本。其本亂，而末治者否矣。其所厚者薄，而其所薄者厚，未之有也。」[28]

先哲告誡說：上從國家君主，下至老百姓，所有的人都要認真修養自己的品德，這是個根本。這個根本不能亂，否則要治理好家庭、家族、國家和天下是根本不可能的。做事情如果不分輕重緩急，就會本末倒置，就會把重要的事情忽視了，一些不重要的、不急需要辦的事情卻非常重視，這樣是不可能很好地做到正心、修身、齊家、治國平天下的。這裏先哲們既講到修身之重要，又強調做事情要分清厚薄，做到「無倦」，多勞多思，視善惡，觀美醜，察真假，勿受騙也，勿貪小利而失大益也。

身為民營企業的領導者，無論是董事長或是總經理團隊成員，都須提高自己的素養和領導水準及領導能力，率先做到「先之勞之」、「無倦。」用心「格物」，認真研究天下事物之本質，窮其理，用心「視、觀、察」，定能貫通「眾物之表裏精粗無不到」[29]，用「格物」之論述，定能窮盡競爭對象之手段，視其險惡之用心，制定正確

27　《論語・學而》，頁5。

28　王國軒、張燕嬰、藍旭、萬麗華譯：《四書・大學》第一章（北京市：中華書局，2008年1月），頁106。

29　《四書・大學》第六章，頁108。

之策略，從容應對之挑戰矣。

「領導者的行為比語言更重要，它可以反映出領導者是否真正對待自己所說的話。語言與行動必須一致。以身作則的領導者總是走在前面。」[30]他們為員工樹立典範，他們能夠身體力行，處處做榜樣，這就是在樹立公司的信念和價值觀。

彼得‧F 德魯克先生指出，「真正需要的管理者，事實上，有能力，不固執己見，不興風作浪的領導者，或許不引人注目，不具戲劇性，甚至枯燥無味，可是他們才是我們真正需要的。」[31]德魯克先生關於領導者的論述，簡言之為「五不加一才」，這樣的領導者一定具有很強的領導力和凝聚力。

孔子曰：「君子周而不比，小人比而不周。」[32]周：團結、合群。 比：勾結，謀私利。

孔子之意是說：君子要廣泛團結群眾，不要拉幫結派，結黨營私；而小人之間互相吹捧，相互勾結，謀取私利。

領導者要當君子，要「周而不比」，不僅要誠心實意地依靠廣大民眾，還依靠領導團隊每一位成員。「班長」要團結「班子」全體成員，緊緊依靠團隊集體之智慧和力量，形成堅強的領導群體，凝心聚力，必將無堅不催摧無往而不勝焉。這是民營企業領導力的核心，是

30　《領導力》，頁 12。

31　〔美〕彼得‧F 德魯克：《得魯克管理學》（北京市：東方出版社 2009 年 8 月），封底。

32　《論語‧為政》，頁 15。

競爭制勝的根本保證。

「單靠個人的努力，偉大的夢想無法變成現實。實現夢想要靠團隊的努力，要有精誠地團結和穩固的關係，要有非凡的能力和沉著的決心，還要有集體的合作和個人的責任。」這就是說，企業的領導者要想使公司取得傑出的成績，豐碩的成果，「領導者必須使眾人行」。[33]

溝通是使「眾人行」的非常重要之法寶，亦是團隊領導力形成之重要前提。領導者之間溝通能力是領導力的重要內容。一個優秀的領導者，應十分注意和團隊成員之間的溝通，善於溝通的領導者一定是「周而不比」的君子也，促進團隊和諧、員工人心相嚮之推手也。

謙虛是溝通的前提，高傲是溝通的大敵，信任是溝通的助力，猜忌是溝通的阻力，坦誠使溝通透明。所以，領導者要克服高傲自大、故步自封之毛病，方能做到有效溝通焉。

中國的國學可謂博大精深，《論語》、《大學》、《中庸》、《孟子》是國學的四大經典著作，合稱之為「四書」。其中《論語》是天下儒學第一書。另有《老子》、《莊子》、《墨子》、《韓非子》、《荀子》，還有兵家的《孫子兵法》。

在國學寶庫中，還有群經之首的《周易》，也是東方文化的精華。它的作者據考證為伏羲和周文王，距今已有五千多年的歷史。

33　〔美〕詹姆斯・庫澤斯、巴裏・波斯納著，李麗林、張震、楊振東譯；《領導力》（北京市：電子工業出版社，2010 年 3 月），頁 16。

《周易》的思想智慧不僅影響著炎黃子孫的思想，對西方世界的文化進步也起了重大的促進作用。德國哲學家黑格爾曾經這樣評價說：「《易經》代表了中國人的智慧，就人類心靈所創造的圖形和形象來找出人之所以為人的道理。這是一種崇高的事業。」[34]

在《周易》第十五卦——謙卦中說道：「謙亨。君子有終。……謙尊而光，……君子之終也。」又曰：「謙謙君子。用涉大川。吉。……勞謙君子，萬民服也。」[35]卦辭所曰「謙」，指謙虛、謙遜、謙恭、謙卑之意。謙虛之人可居尊位，自身亦可光大。故君子應適時保持謙虛的美德。只要能保持謙虛之美，就能夠涉越大江大河，不懼怕惡浪狂風，獲得吉天祐之，吉無不利也。

謙　卦

古之先賢教誨君子做人要謙虛，就會得到「天祐之」。此「天」可理解為萬民百姓也。君子與萬民之間息息相通，就可以用涉大川也。當今的領導者與民眾息息相通，就要做到「與時消息」，即及時溝通，形成共識，以增強合力也。

百姓往往視領導者為「大人」。「夫『大人』者，與天地合其

34　〔伏羲〕周文王：《周易》（瀋陽市：萬卷出版社，2008年8月），前言。
35　《周易》謙卦第十五，頁34-35。

德，與日月合其明，與四時合其序，與鬼神合其吉凶。……」[36]這裏言「大人」要與天地、日月、鬼神合其德、合其明、合其吉凶，要想做到「合」，首先必須溝通，方能形成有效地「合」。

溝通之目的是傳遞信息。因此，人與人之間，尤其是領導者與他的團隊、員工之間溝通要努力做到「三要三不要」：

第一、要主動溝通，不要推卸；
第二、要及時溝通，不要梗塞；
第三、要和諧溝通，不要指責。

領導者尤其是單位的一把手，特別要注意克服剛愎自用，妄自尊大，盛氣凌人，那樣只會遠離群眾，失去人心，毀滅團隊的凝聚力和戰鬥力，這樣的教訓古今皆有之也。為此，在與他人溝通時，還需注意以下幾點：

a 態度誠懇，面帶笑容；
b 音聲和諧，勿責下人；
c 勿言妄語，言不傷人；
d 兼聽則明，勿偏聽信；
e 逆耳之言，更需尊重；
f 上下同心，力量無窮；
g 敢於競爭，定能制勝！

---

36 〔伏羲〕周文王：《周易》乾卦第一（瀋陽市：萬卷出版社，2008 年 8 月），頁6。

《周易》豐卦第五十五：「天地盈虛，與時消息。而況於人乎，況於鬼神乎。」[37]這裏言及「與時消息」，就是指自然界春夏秋冬四時運轉之規律，告誡百姓要遵循時節信息，不違農時，種植莊稼。只要做到「與時消息」，就會「豐亨」，豐富、豐隆、豐盛，君王就會達到豐盈盛大的境界。可見古代君王是非常重視時節消息之運轉的。現代企業管理者須十分重視信息傳遞，避免內部信息流梗塞，做到「與時消息」。

豐　卦

　　要提升團隊的凝聚力和領導力，團隊成員的各位領導人，尤其是一把手，還要遵循曾子之教誨：「吾日三省吾身，為人謀而不忠乎？與朋友交而不信乎？傳不習乎？」[38]只要領導者都能做到「三省吾身」，檢查自己為群眾辦事是否忠心耿耿，盡職盡責？與朋友相處是否講信用？這樣的領導群體一定具有很強的凝聚力和向心力。俗話說得好：眾人一條心，黃土變成金。

　　傑克‧韋爾奇先生說：「以坦誠精神、透明態度和聲望，建立別人對自己的信任感。……勇於承擔風險、勤奮學習，親自成為表

37　〔伏羲〕周文王：《周易》，頁119頁

38　《論語‧學而》，頁3。

率。」[39]

領導團隊要形成凝聚力，領導者還要樹立良好的形象。孔子曰：「君子不重，則不威；學則不固。主忠信。」[40]

一位優秀的領導人，要時時注意自己的一言一行，說話要嚴肅，做到「訥於言，敏於行……。」[41]訥：說話好像遲鈍，此實際是指說話小心嚴謹。也就是說，勿言空語大話，更勿說妄語狂言；舉止要端莊，行為要穩重。勿在眾人面前顯得不可一世，高傲自大。那樣的領導人肯定沒有威信，因其作風漂浮，或言過其實，或嘩眾取寵。這種人若坐上了領導寶座，不可能產生凝聚力，更不可能形成制勝力也。

《周易》謙卦曰：「謙亨。君子有終。……天道下濟而光明，地道卑而上行，天道虧盈而益謙，地道變盈而流謙，鬼神害盈而福謙，人道惡盈而好謙。謙尊而光，卑而不可踰，『君子之終也。」[42]天道：天之陽氣。地道：地之陰氣。

天地陰陽互補，有盈有虧。謙虛增益，謙尊而光明，處世要恭謙，處人要忠誠，一定會「用涉大川。這樣的君王才會有凝聚力也。

大到一個國家，小到一個公司企業，都要有凝聚力。只有萬眾一心，才能戰勝前進道路上的艱難險阻，才能有效克服內外之憂也。

---

39 傑克‧韋爾奇：《贏‧領導力》第 5 章（北京市：中信出版社，2009 年 9 月），頁 53。

40 《論語‧學而》，頁 5。

41 《論語‧里仁》，頁 39。

42 〔伏羲〕周文王：《周易》謙卦第十五，頁 35。

一個國家或是一個企業，要形成強有力的凝聚力，還必須做到「泛愛眾而親仁」，只有領導團隊的凝聚力還不足以戰勝內外之頑敵，還必須緊緊依靠廣大人民群眾之力量，才能無敵於天下也。無論是治國還是治軍，或是經商貨殖，億則屢中，都必須全心全意依靠人民群眾的支持，才能取得成功矣。在前文「為政以德」章節裏已有論述。

世界級管理大師傑克‧韋爾奇先生曾經說過：「要堅持不懈地提升自己的團隊，把同員工的每一次邂逅都作為評估、指導和幫助他們樹立自信心的機會。」[43]大師的話，主要講領導者要努力提升團隊的水準和能力，並注意總結和員工邂逅的感想，必須做好員工業績的評估，獎優罰劣；對下屬要熱情指導，說明他們改正缺點，糾正錯誤，提高他們的能力，幫助他們樹立必勝的信心。這實際上是強調建設團隊的凝聚力和管理能力。

有了好的團隊，還必須提高團隊的執行力。

（四）執行力

1 敏於執行

民營企業領導者不僅要十分重視企業的團隊建設，增強凝聚力，還要不斷提高團隊的執行力。

---

43 〔美〕傑克‧韋爾奇：《贏‧領導力》第 5 章（北京市：中信出版社，2007 年 9 月），53 頁。

孔子曰：「君子欲訥於言而敏於行。」[44]訥：ne 意遲鈍，此指說話謹慎。敏：是形聲字，攵為形，每為聲，攵表示與行為動作有關聯。敏的本意指快捷、靈活、迅速。引申為頭腦機敏，反應快。敏銳、敏感、敏捷、機警、聰敏，有智慧。敏行不殆，辦事情要勤奮敏捷，肯動腦筋。[45]

目前，國內研究執行力的文章不少，都非常有實用價值和指導意義。這裏我就孔子「君子訥於言而敏於行」之教誨，作一點論述。

敏於行的「行」字，在古文字裏是象形字，像道路交叉的十字路口。行：字本義是指行走。（似二人行走。）又可指道路，後專指行列。又引申指班輩、排行，還引申營業執照和工商類別。再引申為做、實行，有能力、有才能。人的品行、德行等。[46]

敏於行特指為實現某一目標而行動，如戰爭打仗，快速消滅敵人結束戰鬥。企業一般特指為實現公司理想和經營目標而拼搏。「理想是奮鬥的目標，對於一個人的成功非常重要。但是，一個人不能只生活在理想之中，這樣就無法實現理想。所以，有理想和希望固然重要，但是更重要的還是行動。」[47]

世界上任何國家裏的任何組織和個人創辦企業，大都是為了獲得效益，除了承擔社會責任，主要是獲得經濟利益，即創造財富。發財

44　《論語‧里仁》，頁 30。

45　倪世和：《論語與商道》（江西人民出版社，2010 年 6 月），頁 95。

46　《新華大字典》，頁 1395。

47　楊樂：《西點軍校給青年的 16 個忠告》（臺北市：海鴿文化圖書出版公司，2007 年 5 月），頁 55。

致富乃人之所欲，如果僅僅停留在口頭上，天天坐而論道，那樣下去，財富是不會從天而降的。

楊樂先生指出：「成功始於心動，成於行動。一個隻懂得坐在雲端想入非非而不能腳踏實地地去努力的人，是永遠也不會取得成功的。」[48]世界上大凡取得成就的企業家們，他們都有一個共同的名言：行動！否則，財富是不會同他們結緣的。

這裏我想起一個日美兩國企業競爭的案例。在 20 世紀 60 年代，澳大利亞要籌建一個發電廠，美國和日本有兩家公司去澳大利亞競爭那個業務。日本人在和澳方洽談結束的當天即飛回去，他們一下飛機直奔公司大樓向公司董事長彙報談判結果，董事長立即批准投資方案，那位經理人次日就飛回澳大利亞並快速和澳方簽訂了合作協定。而美國人卻在咖啡店裏喝咖啡、啤酒，等到他們回到美國打電話問澳大利亞何時再談發電廠合作時，日澳合作協定已簽訂完畢。這個案例足以說明，在商場激烈競爭的時代，確實慢不得，行動要像軍事打仗一樣迅速，捷足先登才能制勝矣。

正如傑克·韋爾奇先生所言：「執行力是一種專門的、獨特的技能，它意味著一個人要知道怎樣把決定付諸行動，並繼續向前推進，最終達到目標，其中還要經歷阻力、混亂，或者以外的干擾。有執行力的人非常明白，『贏』才是結果。」[49]

---

48 楊樂：《西點軍校給青年的 16 個忠告》（臺北市：海鴿文化圖書出版公司，2007年 5 月），頁 56。

49 傑克·韋爾奇：《贏》，頁 77。

敏於行就是執行力，敏者快也，速也。就是團隊辦事的能力，完成工作任務的能力。企業的競爭力完全表現在企業各層面員工的「敏於行」上。所以，企業領導者充分調動全體員工的積極性、創造性，是管理工作非常重要的內容。

2 拖延導致平庸

要做到「敏」，就要克服一些人的懶惰思想。正如孔子所批評的那樣：「飽食終日，無所用心，難矣哉！不博弈者乎？為之，猶賢乎已。」[50] 孔子之意是說：一個人一日三餐吃飽了飯，或坐在辦公室高談闊論，或東遊西逛，無所事事，此種人是很難有所作為的。不如去找朋友下下棋，總比沒有事做好啊。

我國明代著名才子文徵明的兒子文嘉（1501-1583），是著名的畫家、詩人，字子休，號文水，湖廣衡山人，祖籍長州（今江蘇蘇州）。文嘉曾寫過一篇有名的《明日歌》曰：

明日復明日，明日何其多。
我生待明日，萬事成蹉跎。
世人若被明日累，春去秋來老將至。
朝看水東流，暮看日西墜。
百年明日能幾何，請君聽我明日歌。

這首小詩共有 58 個字，其中 7 次提到「明日」，詩人反覆告誡人們：要珍惜寶貴的光陰，做事切勿拖延。按照現代語言來說，就是辦事講效率，今日復明日，是缺乏效率意識和進取精神的表現。

---

50 《論語・季氏》，頁 197。

比爾·蓋茨說過：「明天是魔鬼的座右銘。……對懶散而無能的人來說，明天是他們最好的搪塞之辭。而對於一個成功者來說，一定要把握住現在。」[51]

楊樂先生指出：「拖延說到底是一種壞習慣，年輕人要克服拖延的習慣，一定要樹立『立即行動』的時間觀念。」這是美國西點軍校對他們學員的嚴格要求。西點軍校為美國培養出數以千計的大公司總裁、原因很簡單：他們非常強調辦事效率和時間觀念。僅從時間可以充分利用來說，昨天已經過去，失去的光陰無法挽回，明天還沒有到來，故只有今天的時間是實實在在的，而且是一分一秒地失去，能使用的只有今天的 24 小時。人們所取得的偉大業績、輝煌成就，都是「今天」奮鬥的結果。

所以，充分把握時間，有效利用時間，對每一位企業家來說，是非常重要的。日本豐田汽車公司提出「日事日畢，日結日清」，就是告誡大家把今天的事情做好、做了，這就是效率，就是競爭制勝的法寶。

西點軍校把行動作為評價每一位學員的準則，他們強調：只有行動才能證明人生的價值。《16 個忠告》指出：「雖然在生活中沒有目標不會遭受失明甚至死亡的威脅，但是會讓我們面對近在手邊的機會而茫然不知，這是用一生的代價對盲目的行動作出的懲罰。……在生活中，很多人像終日拉磨的驢子一樣，在盲目地原地打轉，他們就像地球以上的螞蟻，看起來很努力，總是不斷地在爬，然而卻永遠找

51　高紅敏：《比爾·蓋茨給青年的 9 個忠告》，頁 56。

不到終點，找不到目的地。」[52]

敏於行是競爭取勝的重要因素。任何一個企業即便制定了優秀的戰略發展目標，要想實現經營目標，就必須靠管理團隊的敏於行即執行力。一般情況下，企業執行力路線圖如下：

決策層→出思路→確定經營計劃目標→配置資源考覈業績→激勵先進。

執行層→出套路→科學組織員工→實現產品→轉化成商品→轉化為貨幣。

其間需制定公司經營目標實施細則，以確保公司整體效益的實現。

贏在中層。結果在程序控制的末尾，細節藏在過程之中，程序控制決定成敗。一著棋不慎，就很可能導致全盤皆輸。故而公司高層要把目光緊緊盯住中層的「敏於行」上，抓好訓練、考覈、激勵、提升。

高層出思路→中層出套路，基層做事就會上路。基層是公司經營目標積極實現的群體。物化勞動者，幹實事的階層。所謂細節、過程幾乎都藏在基層操作過程之中。這個層面人數幾乎占企業員工總數的75%左右，故而充分調動基層員工的積極性，是企業執行力非常關鍵的一環。

52　楊樂：《西點軍校給青年的 16 個忠告》，頁 64、65。

3　子路的執行力

子曰：「片言可以折獄者，其由也與！」子路無宿諾。[53]片言：單方面的言辭。獄：案件。折獄：斷案。宿諾：拖延很久沒有實現的諾言。

孔子之意是說：僅僅依據單方面的言辭，憑個人判斷能力就可以審理案件的，恐怕只有仲由吧！這是孔子在表揚子路，肯定子路辦事情，不過夜，不拖延。按現代管理學論，子路辦事情非常講究效率，具有很強的執行力，這應是古之先賢為後人樹立的楷模也。

仲由（前 542-前 480），字子路，又稱季路，卞人也。子路是孔子弟子中七十二賢達學生之一，比孔子小 9 歲，是開門弟子中年齡較大者之一。據史料記載：「子路性鄙，好勇力，志伉直，冠雄雞，佩豭（公豬）豚（小豬），陵暴孔子。孔子設禮稍誘子路，子路稍後 4 儒服委質，因門人請為弟子。[54]

有一次，季康子問：「仲由可使從政也與？」子曰：「由也果，於從政乎何有？」從這裏可以看出，孔子對子路從政給予肯定，因為它辦事果斷，所以從政沒有困難。

我們從古之先賢子路執政「無宿諾」「由也果」的作風，看到遠在 2500 多年前，偉大的孔子似乎就非常重視辦事要果斷，不要拖延。時值 21 世紀之今日，人類社會已進入科學技術高度發達的時代，尤其是信息技術的傳播和普及，已深入到億萬群眾之中。所以，

53　《論語・顏淵》，頁 130。
54　馬玉琴等主編：《二十五史・史記》（延吉市：延邊人民出版社），頁 225。

大力提倡執行力，對於民營企業家們尤其具有十分重要的意義。

　　美國企業戰略管理專家傑克・韋爾奇先生曾經說過：速度就是一切，是現代競爭不可或缺的重要因素。尤其是 21 世紀的今天，世界經濟全球化，各國都在加快發展步伐，特別是有近 14 億人口的中國，發展慢不得，必須快速佔領世界科學技術的制高點，和世界資本帝國主義搶時間，爭速度。資本主義幾百年的時間，實現現代化，而我國必須用最短的時間、最快的速度，趕上、超過發達國家。到那時，中國人的底氣更足，腰杆子更硬，話語權更多，分量更重。這就是我們現代中國人急需要增強執行力的重要原因。

　　4 子貢的執行力

　　子貢問曰：「賜也何如？」子曰：「女，器也。」曰：「何器也？」曰：「瑚璉也。」器：器物，器具。瑚璉：古代宗廟盛黍稷（shu ji）器皿，非常貴重。所以孔子才把子貢比作瑚璉，肯定子貢之非凡的才能和經商之本領。[55]

　　中國古代所謂器具可能是單一功能，特定的用途。因此，孔子要求他的學生門人不能只有單一才能，要具備多方面的知識和能力，這樣才能做到「君子不器。」「不器」者應見多識廣也，思維敏捷也，無論在國內或國際交往中，不被他人暗算，做到不惑、不憂、不懼也。

　　子貢：姓端木，名：賜，字子貢，孔子非常器重、讚賞的學生，比孔子小 31 歲。子貢不受官府之命，奔波於曹、魯之間，賣鬻貴，

55 《論語・公冶長》，頁 41。

億則屢中，府庫充盈，且廣施於民，博施於眾。孔子老年的生活全由子貢承擔，孔子仙逝之後，孔子弟子守孝三年，唯子貢堅持守孝六年。子貢是位仁者，亦是一位孝者，對老師孔子可謂忠心耿耿。同時也是一位善於外交的政治家。春秋晚期，諸侯國紛爭，子貢因能言善辯，他利用諸侯國之間的矛盾，扶弱擊強。故子貢一出，存魯、亂齊、破吳、強晉，而霸越，使勢相破，十年之中，五國各有變。

子貢之睿智是今天企業家們效法的楷模。我們即使有非常好的發展戰略規劃和實施計劃，也需要有才幹的人去執行，去實現。所以，企業的發展戰略規劃是企業的行動指南、前進目標，而朝著目標奮進的是由一群鮮活的人才組成的團隊。

（五）創新力

1 知識與創新

知識是創新的基礎。無論是朝代更替制度革新，還是科學技術高端產品創新或是戰略管理創新，都離不開知識。

何謂知識？知識是前人勞動技能的累積，創新的總結。知識用文字記錄整理之後，就形成書籍文獻，為後人學習借鑒之用。

創新與人的大腦思維活動關係非常密切。「思維活動依賴於知識與能力這兩個內在要素的相互作用。知識在思維活動中相對穩定，是思維活動的基礎、材料和結果。」[56]徐教授這裏明確論述了知識是思維活動的基礎，也就是說，人的思維活動是建立在知識的基礎上的。

56　徐斌：《創新頭腦風暴》（北京市：人民郵電出版社，2010 年 5 月），頁 4。

一般地說，知識累積越多，思維越發達；假想越豐富，創新越有成效

知識是靠學習獲得的。孔子曰：「我非生而知之者，好古，敏以求之者也。」[57]孔子之意是說：我並非出生下來就有知識的，是我非常喜愛古代之文化，勤奮好學，思維敏捷，求得了知識。

正如孔子又言：「生而知之者，上也；學而知之者，次也；困而學知者，又其次也；困而不學，民斯為下矣。」[58]

孔子之意是說：人生下來就知道事理的，是上等；經過學習，接受教育才知道事理的，是次一等的人；經歷了困境，知道了學習之重要，再學習的人，是再次一等的；經歷了困境仍然不學習的人，是最下等的人了。生而知之者，天才也；世界上絕大多數人是學而知之者，從一十有五而志於學，獲得了相當的知識，才能到三十而立也；掌握了知識，到了四十亦才能不惑也；有些人平時不學習，一旦遇到困境，才知道知識重要，才開始學習，這樣的人雖然亦能存活下去，但一定是生活得非常之艱辛；還有的人雖然經歷了困境，仍不學習知識，稀裏糊塗的混日子，毫無建樹，這種人就是所謂下等人了。

《論語》開篇孔子曰：「學而時習之，不亦說乎！有朋自遠方來，不亦樂乎！人不知而不慍，不亦君子乎！」[59]

孔子強調說：學習要掌握好一個時字，一個人自少年始，就要立志學習，一生都要堅持學習，做到不恥下問，請教老農，請教老圃，

57　《論語‧述而》，頁71。
58　《論語‧季氏》，頁184。
59　《論語‧學而》，頁1。

三人行必有我師……。只有通過學習獲得了知識，才是最愉悅的事情。

孔子門人子夏曰：「博學而篤志，切問而近思，仁在其中矣。」[60]子夏之意是說：要廣泛地學習各種知識，博採眾長，就能堅定自己的志向，對於不懂的疑難問題能懇切地提出來，並能聯繫當前實際進行思考，仁也就在其中了。孔子最得意的學生一顏回，由於家境貧困，簞食瓢飲，居陋巷，人不堪其憂，而回也不改其樂，因而顏回學得的知識能夠「聞一知十也」。「語之而不惰者，其回也與。」[61]孔子說：能夠專心聽我講授知識的，大概只有顏回了。

2 戰略新產業

前文所述孔子之「絕四」，可視為思維創新之理論。毋固：是告誡人們思想不能僵化，不能故步自封。要積極地創新思維，尤其是當今世界競爭之慘烈，發達國家科學技術發展之快，令中國的企業領導者壓力倍增。所以，我們的民營企業家們要以孔子絕四「毋意，毋必，毋固，毋我」為指導，積極研究並制定戰略創新產業的規劃，梳理戰略性新興產業發展思路、原則和目標，制定實施步驟，明確先後順序，抓好資源配置，尤其是科技人才資源和財力資源的投入計劃安排。

戰略新興產業目前正在成為世界各國新一輪經濟發展的目標。美國奧巴馬政府決定，在今後 10 年內將投入 1500 億美元，重點發展新

60　《論語・子張》，頁 209。
61　《論語・子罕》，頁 95。

能源、寬頻網路、生物工程產業，繼續保持航空產業的國際領先地位；歐盟計劃在未來 2013 年前，投資 1050 億歐元，積極開發綠色經濟；日本則重點發展環境新能源及健康產業，他們計劃到 2020 年創造 100 萬億日元的新興資產。

我國在 2009 年國務院確定了發展 7 個新型產業的計劃目標：

a 信息技術

b 生物技術

c 高端裝備製造業

d 新能源

e 新材料

f 新能源汽車

g 新醫療器械等。

27 個省市也積極制定發展新興產業的計劃，19 個省市提出發展新能源產業，17 個省市提出發展節能環保新材料，16 個市省提出發展發展生物醫藥產業，12 個省市發展電子信息網路產業，7 個省市發展新能源汽車產業。

積極發展新興產業，以應對國際競爭。但是，必須理順新興產業專案實施順序，且不能一哄而起，重複布點，重複投資，造成發展的盲目性，認真吸取上世紀 50 年代末大躍進的教訓，全民大煉鋼鐵，給國家造成了巨大的經濟損失。

所以，國家和企業尤其是民營企業都必須積極開展新興產業的戰

略研究，需十分重視智慧財產權的保護，規避風險，才能競爭制勝。

20 世紀 60 年代，美國利用液晶技術研發出能夠掛在牆上的液晶顯示幕（LED），但是當時美國人並不知道液晶顯示幕的市場前景，把研究成果封閉在實驗室裏。直到 1973 年，日本人研究了液晶顯示幕的市場需求前景，精工、夏普、等日本企業相繼生產出數字 LCD 手錶、LCD 計算器、LCD 微型液晶彩色電視，並先後攻破了生產設備、新材料、新工藝等系列難題，從而形成了上下游產業鏈，很快實現了液晶技術產業化，推動了世界液晶技術的進步。與此同時，日本人將上述新型產業技術申請了專利。到了上世紀 90 年代中期，日本企業成為世界 TFT—LCD 工業標準的主導，全球市場份額高達 95% 以上。由此可以看出，日本企業的發展液晶顯示技術，積極促進新興產業的戰略，實乃憑藉創造力而制勝矣。他們的經驗是值得中國企業領導者們借鑒的，中國的企業領導者需遵循孔子之教誨，做到「絕四」，不主觀臆斷，不固執己見，不故步自封，堅持發展和創新。

中國自主研發的立體視頻晶片發佈信息稱：視頻平面轉換技術經過清華大學科研人員的潛心研製，已取得重大突破。未來三年，我國百姓坐在家裏利用紅綠眼鏡和各家都有的平板電視，就可以看立體電視了。另外，我國極大型積體電路製造裝備與成套工藝技術專項，簡稱 IC 電子信息版塊專項，實現 IC 製造新技術新工藝取得了重大突破，支撐我國 IC 產業的技術進步。國人渴望在不久之將來，取代進口。北京的北方微電子公司研製出 12 吋 65nm 柵刻蝕機，北京中科信公司研製的 12 吋離子注入機，經權威機構考覈，技術指標均達到了國際先進水準。上海中微半導體公司研製的 12 吋 65nm 介質刻蝕

機出口國家。以上案例充分說明：中國人完全有智慧、有能力學習繼承世界先進科技成果，進行科技創新。

3　繼承與創新

孔子曰：「述而不作，信而好古，竊比於我老彭。」[62]竊：私下，私自。老彭：人名，商代的賢大夫。

孔子之意是說：一個人只學習傳述舊的文化，不進行創新，只相信喜愛古代知識，好像我私下把自己比做老彭。（彭祖。）

子張問善人之道。子曰：「不踐跡，亦不入室。」[63] 善人：秉性善良卻沒有學問，沒有知識的人。不踐跡：不踩著前人的足跡向前走。入室：即到家了，此指學問、品德修養好的人。

子張：孔子的學生⋯⋯一天問孔子如何成為善人之道理。孔子說：善人如果不踩著先人的足跡前行，不繼承前人的優秀文化，學問道德很難修養到家。

孔子以上之論述，就是講繼承與創新問題。人類社會經過上萬年發展，由蒙昧時代進入到農耕時代，新石器繼承了舊石器，陶器、鐵器、銅器等先進的生產工具陸續出現，推進了人類社會的文明進步。一代一代的先人們踏著前人的足跡，在承襲先人經驗的漫長過程中，不斷變革與創新，推動人類文明不斷前進。

中國秦王朝雖然只有二世不足一百年的歷史，但秦朝制定了許多

62　《論語・述而》，頁 65。
63　《論語・先進》，頁 118。

制度，到漢王朝建立之後，「漢承秦制」，漢王朝統治時間長達近400年。直到滿族人建立了清王朝，採用了諸多漢人統治之制度，清朝得以延續了二百多年。

繼承前人之先進經驗，再不斷變革與創新，推動人類社會文明與進步。中國早在春秋時期，就出現過改革變法的多位先哲。秦國的商鞅變法，使秦國強大，後統一六國。宋朝的王安石變法，推動了大宋經濟的發展，早在公元1800年之前，中國的經濟總量排在世界第一位。有學者把中國宋代稱為近代的開始，如日本的內藤湖南在他所著的《概括的唐宋時代觀》一書中寫道：「中國的中世紀和近代的大轉變出現在唐宋之際，」「唐代是中世紀的結束，而宋代則是近世的開始。」另一位日本學者宮崎市定先生指出：「東洋的近世與宋王朝的統一天下一起開始。」「宋代實現了社會經濟的躍進、都市的發達、知識的普及，與歐洲文藝復興現象的比較，應該理解為並行和等值的發展。」中國的「四大發明」，其中火藥、指南針、印刷術均是在宋代創新而問世的，對世界的科技進步起了非常巨大的推動作用。

新事物中包含一部分合理的舊事物，繼承就是將合理的舊事物保留下來，融會在新事物之中。人類社會發展進步是如此，科學技術發展進步亦應是同理也。否定一部分舊事物，加以革除、變革，去舊才能布新，才會有新的生命力焉。

4 改革與創新

早在2500多年前，中國古代偉大的教育家、思想家孔子提出「子絕四」的理論，對後代中國人改革創新有著十分重要的指導意

義。

改革亦可稱為變革，革命。改革的過程，充滿著風險，尤其是政治改革，政權交替，舊的國家政權被推翻，舊的國家機器被摧毀，這往往是要通過革命手段才能獲得成功的。其間，革命黨人要付出極大的生命代價，才有可能獲得最後的勝利。

人類社會發展前進要經過變革或革命，才能打碎舊的國家機器，建立新的國家政權。獲得政權的統治者，開始一個階段都會進行一些改革和創新，促進社會的進步，帶來經濟的繁榮。

列寧曾經指出：「從手工工廠向工廠過渡，標誌著技術的根本變革，……隨著這個技術變革而來的，必然是社會生產關係的最劇烈的破壞，參加生產者的各種集團之間的徹底分裂，與傳統的完全決裂，資本主義一切黑暗面的加劇和擴大，以及使資本主義的勞動大量社會化。」[64]資本主義經濟的發展過程經歷了漫長的科學實踐，提高了勞動生產率，促進了人類文明與進步。但同時也必然發生資本主義的擴張和侵略。

5 實踐與創新

子曰：「君子欲訥於言而敏於行。」[65]訥：遲鈍，此指說話謹慎，小心。孔子之意是說：君子說話應當謹慎，做到敬而無失，恭而有禮。當言則言，不言謂之隱；不當言而言，謂之躁；言不及義，謂之聱。所以，孔子強調君子應「敏於行」。行即實踐，只言不行不如

---

64 列寧：《列寧全集·俄國資本主義的發展》第三卷，頁411。
65 《論語·里仁》，頁39。

不言。只會講空話、大話、套話的人，不去實踐，再多的知識也無益於社會經濟發展也。故而孔子要求君子做事需勤奮，行動要敏捷焉。

「知識是拿來用的，不是用來飽肚子的，一個實踐比一百個光說不練的理論更有用。如果不去實踐，你將永遠是窮人！」[66]

科學技術的進步，都是先人們不懈努力，不斷實踐的結果。這方面的事例非常之多。古代先人們在生產勞動過程中，不斷改進勞動工具，每前進一步，都推動了技術創新。中國的四大發明，為世人耳熟能詳，每一項發明，都是先人們辛勤實踐的結果。其間，先人們要反覆探索、多次實驗，付出的心血難以估量。東漢蔡倫發明造紙技術，宋代畢昇等人的三大發明，與先哲們的實踐密不可分也。

近代歐洲人在自然科學方面取得了長足的進步，這與他們的科學實踐精神分不開。18 世紀以後，英國的手工工廠有了精密的技術分工，許多生產過程各道工序已簡化，用機器代替作坊裏的工人手工勞動。這時，湧現出一大批技術熟練的工人技師。1733 年，機械師凱伊發明飛梭織布技術，大大提高了織布效率，促進了紡織技術的變革。1764 年，織工哈格裏夫製造出手搖式紡紗機，用他女兒的名字命名為「珍妮紡織機」。這種紡織機可以同時紡 16 至 18 隻紗錠，但它的缺點是紡出的紗線容易斷。 1769 年，阿爾克萊特盜竊了他人的發明，製成了水力紡紗機。1771 年，阿爾克萊特在曼徹斯特建立第一個棉紡織廠，也是英國近代史上第一個工廠。1799 年，工人技師

66　彼得・杜拉克：《後資本主義社會》，克裏爾主編：《哈佛名人教程》（呼和浩特市：內蒙古人民出版社，1997 年 12 月），頁 0。

康隆普頓參照珍妮機和水力機的優點，發明了「繆爾」紡紗機，紡織出的紗又細又結實，一次轉動能推動 300 至 400 個紗錠。1875 年，工程師卡特萊特發明了水力織布機，使織布效率提高了 40 倍。英國出現了大規模紡織工廠。

從以上英國紡織技術發展史料可以看出：人類在社會生產勞動過程中，不斷改革，不斷實踐，不斷創新，推動生產技術不斷進步，促進人類文明不斷發展。所以，只有勇於實踐，才能不斷創新，實踐是創新的必由之路也。

恩格斯曾經指出：「資產階級為了發展它的工業生產，需要有探索自然物體的物理特性和自然力的活動方式的科學。」[67]隨之而來的是英國誕生了著名的數學家、物理學家牛頓（1642-1727），他繼承了伽利略的研究成果，試圖把一切物質運動用數學方程序加以表述。

人類社會發展總是前人的發明為後人所傳承。在傳承過程中，不斷實踐，不斷改進，不斷推陳出新。1769 年，土工出身的蘇格蘭機械師詹姆斯·瓦特（1736-1819），在前人發明的基礎上，研製出第一臺蒸汽機；1782 年，他又試製成功聯動式蒸汽機，把單式運動變成旋轉式運動。不久，蒸汽機被歐洲大陸廣泛使用，極大地提高了勞動生產率，促進了歐洲社會之文明。

中國人自古發明了紙張、指南針、火藥、印刷術，為世界科學技術的進步做出了重大貢獻。新中國成立之後，經過錢學森等一批老一

67　恩格斯：《社會主義從空想到科學的發展》英文版導言，《馬克思恩格斯選集》
　　（北京市：人民出版社，1972 年），第三卷，頁 390。

代科學家們的艱苦拼搏，「兩彈一星」研製成功，中國人民在國際舞臺上取得了話語權。改革開放 30 多年來，又湧現出一大批技術創新成果。這裏面既有各專業的科學家，如農業專家袁隆平、衛星專家孫家棟等；也有在普通崗位上工作的先進工人，如青島港的孔祥瑞就是全國優秀工人發明家的傑出代表。截至 2011 年初，孔祥瑞經過多年的實踐、探索、創新，共主持完成了技術創新項目 35 個，修舊利廢項目 320 個，節能降耗專案 25 個，為企業創造效益千餘萬元，其中有 6 個專案獲得了國家專利。這就是當代中國工人群體的先進代表們「毋意，毋必，毋固，毋我」創新思維的不斷實踐！偉大哉！

6 智力與創新

前文提到孔子「君子有九思」之教誨，世界上幾乎所有的科技成就都是先人們先用大腦提出構想、假設，再作分析、論證，在經過人的大腦反覆思考之後，才轉化成新的科技成果的。可見，人的大腦意識的極大作用，人的大腦也是物質構成的，大腦思考即是大腦物質的活動，大腦似恩，人之靈性發源地也。

人皆有大腦，有大腦就會有思維，有思維就會思考，有思考就有創造。但是即使是相同年齡的人、創造能力也不盡相同。何故？中外許多心理學家、行為學研究專家經過潛心研究，總結出一些有益的理論。

科學研究表明，人的潛能是無窮無盡的。為何有的人具有良好的智力？有的人卻智商低下？美國的股神巴菲特在 11 歲時就買了第一張股票。有的人卻到了 40 歲還空空如也，毫無任何建樹。有的人成

才較晚，如比爾.蓋茨大學沒讀完輟學，後來卻成了微軟公司的創始人。人的心智幾乎無異，但是由於內在和外在的因素，對智力產生助力或阻力，對一個人的成長過程很大的影響。

所以，企業領導人要認真研究員工智力的開發，幫助他們排除來自家庭、社會的阻力，克服各種心理障礙，疏導阻塞之環節。「猶如排水溝平常積塞了一些污物，若經雨水沖洗之後，污物被清除又可以順利地排水了。」「同樣的我們每個人消除和環境的障礙，使我們的創造力更為奔放。」[68]

企業人事領導幹部和企業黨支部幹部要做「清潔工」、「清道夫」，誠心幫助員工不斷清除各種污物，疏通被閉塞之心智，開啟智慧之心靈，像孔祥瑞那樣，不斷引發頭腦之風暴，創造優秀之成果，以增強企業制勝力也。

以智取勝，就須開啟智慧之窗。前文論及人的創造力，其實也是講要充分開發人的智力，無智力則無創造力。一個智力低下的人，是不會研製出原子彈的。所以，只有開啟智力之窗，才能提高智慧之能力，亦才能增強創新之動力。

案例：加拿大西安大略大學地球物理系教授羅伯特.裏納與國外同行合作研究發現富含黃金的岩漿形成機理，揭開了金礦形成至關重要的環節——硫磺之存在。裏納教授研究認為：硫磺的參與有利於提高黃金形成的溶解度，而溶解度對金的形成至關重要。如果有硫磺存

68　克裏爾主編：《哈佛名人教程‧排除創造障礙》（呼和浩特市：內蒙古人民出版社，1997 年 2 月），頁 13。

在，金在沉積物中的含量可提高 8 倍。這就是裏納教授等人獨特的思維方式，世界上將會發現更多的金礦資源。

企業領導人如何提高智力？方法很多也，其中最主要的是加強學習，獲得知識，增長智力水準。孔子提倡「行有餘力，則以學文。」曾子提出「傳不習乎」。顏回簞食瓢飲，居陋巷，人也不堪其憂，回也不改其樂，而且「聞一知十」。古之先賢這些耳熟能詳的美德令世人稱頌和效法焉。

目前，國內諸多高等學府如北京大學、清華大學、人民大學等校，舉辦各種在職進修班、培訓班，多為實用新知識，使廣大民營企業企業老總們受益匪淺，這些大學確實為社會訓練、培養了不少人才。

中國企業要提高競爭力，必須依靠企業家自身的智商，制定公司發展戰略，謀劃制勝之道。與此同時，還要積極聘請高端智者，擔任企業智囊，組建智囊組織。

孔子曰：「益者三友，損者三友。友直，友諒，友多聞，益矣。友便辟，友善柔，友便佞，損矣。」[69]便辟：善於裝模作樣，而內心並無誠意。善柔：善於諂媚奉承。便佞：善於花言巧語。

孔子說：有益的朋友有三種類型，有害的朋友也有三種類型。一種是與正直的人交往，再者是與誠實的人交往，第三是與見多識廣、知識淵博的人交往，是大有好處的。如若與虛偽的人交朋友，與諂媚

69　《論語‧季氏》，頁182。

逢迎愛拍馬屁的人交往，與巧舌如簧、佞語狂言的人交往，是非常之有害的。

程樹德先生在《集釋》一書引「唐以前古訓」皇疏云：「明與朋友益者有三事：，故雲益者三友。又名與朋友損者只有三事，故雲損者三友。一益也，所友得正直之人也。二益也，所友得有信之人也。諒，信也。三益也，所友得能夠所聞解之人也。益矣。上所言三事皆是有益之朋友也。」[70]

後人習讀聖賢之教誨，解釋頗多也。程先生引《集注》云：「友直則聞其過，友諒則近於誠，友多聞則近於明。……直者能正言極諫，諒者能忠信不欺，多聞者能識政治之要，人君友此三者，皆有益也。

孔子「三損」之言，程先生在《集釋》中引《音讀》集解：馬氏曰：「便辟，巧關認真所忌，以求容媚。讀辟為避。……善柔馬雲注是面柔，是令色也。便佞，……是巧言也。……便，習熟也。便辟謂習於威儀而不直，善柔，謂面從而背毀者也。便佞，謂辯而巧也。上三事皆是為損之朋友也。」[71]

古今中外各國政治家、軍事家都設立智囊團。中國古代春秋戰國時期，各諸侯國為爭奪霸主地位，聘用了眾多智謀之士。其中如戰國時期的齊國宰相孟嘗君，疏財聚人，以養謀士著稱。他聘用了門人食客，幫助他治國理政。司馬遷《史記・孟嘗君列傳》記載了馮諼客孟

70　程樹德：《論語集釋》，頁1151。
71　程樹德：《論語集釋》，頁1150、1151。

嘗君的故事，至今耳熟能詳。這樣的事例非常之多也。

當今的美國可謂擁有龐大的智庫群僚，作為美國總統治理國家的謀士。如美聯儲是美國的智庫，蘭德公司、高盛公司、孟山都公司等一大批打著企業旗號的公司，無一不參與美國的國會議政。就連谷歌公司也是美國政府的政治幫手。前文提到的澳大利亞力拓、必和必拓公司的鐵礦石定價大權實際上被美國的高盛公司所操縱，而且他們和日本三井株式會社財團的利益是相一致的。而我國的中鋼協對此可能事先並不知曉，因此，遭到 7000 億元的損失。由此可見，中國的競爭對手是個龐大的資本帝國主義財團體系，他們在對中國的態度上，認識相同，步調一致，利益相通，共同策劃加害中國的企業矣。

我國企業尤其是國有大中型企業，必須成立智囊庫，聘請各種專家、學者，為國家發展和企業進步謀劃競爭制勝之道。而且，無論是政府的智庫，還是企業的智庫，領導者都須認真聽取他們的意見，擇其善者而從之。美國鋼鐵大王卡內基先生為我們提供了很好的經驗。

企業智囊的作用，卡內基先生說：「一位大心理學家曾經說過，沒有兩個不同心智在互相默契之後，不會因而產生第三個心智，其力量要比原來兩個單獨心智力量相加大得多。」[72]群體心智，眾人智慧，善於合謀者必勝也。

一粒種子增值不多，無數顆種子播撒下地，在精心管理後，會增殖繁衍無窮多。人的智力亦應如此，所謂「一生二，二生三，三生萬

72　克裏爾主編：《哈佛名人教程》（呼和浩特市：內蒙古人民出版社，1997 年 12 月），頁 506。

物」，這就科學發展的規律。中國古語云：三個臭皮匠，賽過一個諸葛亮也。

1+1=2 這是數學計算的結果，毋庸置疑。但是人的智慧相加，如1+1>3，也就是說，兩個人或幾個人的大腦所產生的智慧絕不是簡單的相加，許許多多的科學實驗證實，團隊成員集體智慧所產生的巨大力量是無法估量的。

眾人拾柴火焰高，即是講做事情必須依靠群眾。毛澤東先生早在抗日戰爭時就曾經指出：革命戰爭是群眾的戰爭，只有依靠群眾才能進行戰爭，只有動員群眾才能進行戰爭。[73]

現今，中國發展速度確實令世界刮目相看。GDP 總量位居世界第二，引起以美國為首的資本帝國主義者們嫉恨、緊張，甚至於恐懼，詛咒聲不絕於耳也。今年 3 月 3 日至 3 月 4 日，美國財長蓋特納連續兩次警告說：如果美國停止對世界銀行和類似機構的支持，中國將會控制非洲和其它發展中國家。在這樣的國際大環境下，發展經濟建設，確實阻力非常之大矣。如之何？既要有戰略，更要有策略。依靠國人之智慧，尤其是精英智囊之「金點子」，應對各種挑戰焉。

卡內基先生說：「智囊團原則並非一項人為的原則。它是自然偉大定律的一部分，就像萬有引力定律一樣，是永恆不變的。」「有人會說知識就是力量，但是他只說了一半的真理。因為知識只是潛在的力量。只有當它經過組織，並且透過一定的行動加以表現之後，知識才能變成力量。……」卡內基還說：「知識並非力量。汲取並運用別

---

73 毛澤東：《毛澤東選集》第一卷，頁 1。

人的知識及經驗已達成一項特定的目的，這才是『力量』。不僅如此，它是好處最大的力量。」[74]

案例：明光浩淼消防科技有限公司是個家族式的民營企業。早在 2004 年前，當時還是個校辦工廠。為了企業的生存和發展，這個校開工廠的領導人就聘請了上海消防行業的幾位技術專家擔任顧問，指導新產品研發。2004 年企業改制，不久成立了浩淼消防科技發展有限責任公司。在「十一五」期間，該公司領導人積極宣導「多位朋友多條路，沒有朋友無出路」的理念，先後聘請了正直、誠實、多聞的 10 多位技術專家和經營管理人才，組成新的智囊團，為企業的發展獻計獻策。前文已敘述過該公司近幾年的技術研發投入情況，可以看出，企業聘用高智商的專家學者組成團隊的重要意義。

參考文獻

馬克思、恩格斯：《資本論》（北京市：中央編譯局、人民出版社，1973 年 4 月）

毛澤東：《毛澤東選集》（北京市：人民出版社，1977 年 4 月）

克裏爾主編：《哈佛名人教程》（呼和浩特市：內蒙古人民出版社，1997 年 12 月）

程昌明譯注：《論語》（太原市：山西古籍出版社，2001 年 6 月）

馬玉琴等編：《二十五史》（延吉市：延邊人民出版社，2001

---

74 里克爾主編：《哈佛名人教程》，第 506 頁。

年 11 月）

　　高紅敏：《比爾 蓋茨給青年的 9 個忠告》（臺北市：臺灣海鴿文化圖書出版有限公司，2006 年 7 月）

　　王國軒等：《四書》（北京市：中華書局，2007 年 1 月）

　　澀澤榮一編著，王中江譯：《論語與算盤》（南昌市：江西人民出版社，2007 年 1 月）

　　馮友蘭：《中國哲學史》（北京市：生活、讀書、新知三聯書店 2007 年 5 月）

　　楊樂：《西點軍校給青年的 16 個忠告》（臺北市：臺灣海鴿文化圖書出版有限公司，2007 年 5 月）

　　勞思光：《新編中國哲學史》（桂林市：廣西師範大學出版社，2007 年 6 月）

　　安德義：《論語解讀》（北京市：中華書局，2007 年 7 月）

　　傑克 韋爾奇：《贏》（北京市：中信出版社，2007 年 9 月）

　　方爾加：《儒家思想講演錄》（北京市：東方出版社，2008 年 2 月）

　　李澤厚：《論語今讀》（北京市：生活、讀書、新知三聯書店，2008 年 2 月）

　　程樹德：《論語集釋》（北京市：中華書局，2008 年 2 月）

　　楊伯俊譯注：《孟子譯注》（北京市：中華書局，2008 年 3 月）

　　舒大剛編著：《墨子的智慧》（北京市：中央編譯出版社，2008 年 4 月）

　　魯洪生：《讀懂周易》（北京市：中華書局，2008 年 7 月）

南懷瑾：《論語別裁》（上海市：復旦大學出版社，2008 年 5 月）

翦伯贊主編：《中國史綱要》1、2 冊（北京市：北京大學出版社，2009 年 2 月）

柏楊：《中國人史綱》（西安市：陝西人民出版社，2009 年 7 月）

彼得 F 德魯克：《得魯克管理學》（北京市：東方出版社，2009 年 8 月）

列寧：《列寧專題文集》（北京市：中央編譯局，人民出版社，2009 年 12 月）

任法融：《道德經釋義》（北京市：東方出版社，2009 年 12 月）

樓宇烈：《十三堂國學課》（北京市：北京大學出版社，2009 年）

劉冀生編著：《企業戰略管理》（北京市：清華大學出版社，2010 年 4 月）

徐斌編著：《創新頭腦風暴》（北京市：人民郵電出版社，2010 年 5 月）

倪世和：《論語與商道》（南昌市：江西人民出版社，2010 年 6 月）

倪世和：《論語與制勝力》（南昌市：江西人民出版社，2011 年 6 月）

郎咸平：《新帝國主義在中國》1、2 冊（北京市：東方出版社 2010 年 5 月）

許定：《戰略管理與創新》講義（北京市：北京國發啟明商學院，2010 年 10 月）

結論

　　研究企業危機管理尤其是研究民營企業危機管理，是一項重大的課題，它關乎中國國民經濟的半壁河山之生存、發展和社會之穩定。

　　民營企業領導者要確立憂患危機意識，建立規避危機的制度，加強危機管理力度，處事不驚。努力做到「知（智）者不惑，仁者不憂，勇者不懼。」

建議

　　工商管理是一門非常重要的理論科學。無論是國有企業或是民營企業的領導者們，都應接受專業培訓。建議政府相關部門大力支持各種培訓機構，給予優惠政策，不斷加以扶持。

　　中國各種企業尤其是民營企業老闆要督導本企業人力資源科制訂企業管理人才培訓計劃，安排培訓經費應占公司銷售收入的 1-2%。選派優秀員工深造。同時加強對基層一線工人的培訓，多培訓高級技工。這是民營企業規避產品品質風險危機，永葆企業青春的根本保證！

答謝辭

　　我在北京大學哲學系教授、博士生導師魏常海老師和北大政府管理學院黃恒學教授等君的親切指導下，於 2010 年 6 月、2011 年 6 月、2012 年 7 月先後寫了並由江西人民出版社出版發行的《論語與商道》、《論語與制勝力》、《論語與後 N 代》研究三本小冊子。自 2011 年初，在瑞士維多利亞大學在中國舉辦的工商管理 DBA 班研讀，企業經營管理專業知識，凝聽了國內北京大學、清華大學、上海交大、復旦大學等諸多教授們的精彩授課，受益匪淺。在此，向熱心教授工商管理課程的老師們致以真誠的謝意！

　　在論文寫作修改過程中，得到北京大學哲學系魏常海教授、北大政府管理學院黃恒學教授的熱情指導，尤其是維多利亞中國教學點副校長戴緒龍博士對我論文研究方向給予真誠及時的指導，同時班主任顧曉菲老師多次為我提供寫作論文有關資料和範本。在此特向三位學者表示崇高的謝意！向顧老師的辛勤工作表示衷心地感謝！

　　論文中有關圖片資料，由明光浩淼消防科技有限公司的網路工程師秦祥君說明搜集、整理；論文中的智慧創意、信息傳遞策劃示意，由浩淼公司的徐超工藝美術師創新設計；論文排版複印裝訂由浩淼公司的何君霞小姐、童彤小姐幫助完成；論文摘要翻譯成英文，由浩淼公司國際部的楊微雨小姐完成，浩淼公司副總經理倪紅豔女士校核。在此，謹向上述同志致謝！

　　由於本人知識水準所限，論文中有諸多不當之處，敬望專家學者

賜教。本人定將繼續堅持學習，努力提高工商企業管理知識水準。

2012 年 11 月 2 日

第四篇

國學智慧與民營企業危機管理
——學習交流提綱

一 國學

1 儒學：孔子是中國儒學第一人，《論語》是中國儒學第一書。

2 道學：以老子、莊子為代表；

3 佛學：南北朝時期由印度傳入中國。

以上三個方面的傳統文化，簡稱儒、道、釋，稱之為中國優秀國學，其中以儒學為漢文化的主體。

儒家經典有《論語》、《中庸》、《大學》、《孟子》，合稱《四書》，還有《五經》。

道家經典有《道德經》、《莊子》等；

佛家經典有《心經》、《金剛經》等。

還有法家的《韓非子》、兵家的《孫子兵法》，……。

我國古代的中醫藥經典──《黃帝內經》、《本草綱目》以及音樂、美術等利於修身養性之學術，亦屬於國學內容。

二 儒家代表人物──孔子

1 孔子生平簡介：誕生於公元前 551 年 9 月 28 日，仙逝於前 479 年 4 月 11 日，享年 73 歲。

孔子人生博弈……

2 孟子生平簡介：（略）

3 荀子生平簡介：（略）

4 世人對孔子的評價：

司馬遷：「高山仰止，景行行止！」

三 《論語》──天下儒學第一書

1 我國古代漢武帝：獨尊儒術

宋代大儒二程、朱熹……

明代大儒王陽明、張載（恒渠）

清朝儒家戴東原 顧炎武

民國：胡適 章太炎 魯迅……

現代新儒家──馮友蘭 南懷瑾 勞思光 方東美 ……

2 國際

1945 年，英國科學家李約瑟先生在其所著《中國的科學》一書裏指出：孔子的《論語》所強調的「儒家的學說史最富於社會意識和人道義精神的，這是世界上任何地域的哲學思想所不能比擬的。」

時隔 43 年後，1988 年，由聯邦德國阿登納基金會和中國孔子研究會共同發起，研究孔子儒家的思想智慧。同年 11 月，世界 78 位諾貝爾獎獲得者在法國巴黎發表共同宣言稱：「如果人類在 21 世紀要想繼續生存下去，就必須回到 2500 多年前孔子那裏去汲取智慧。」

四 《論語》智慧與民營企業危機管理

1 我國民營企業狀況：

新中國民營企業發展可謂步履維艱。解放初期「一化三改造」；文革銷聲斂跡——割資本主義尾巴；上世紀 90 年代改革開放恢復名譽，得到發展。

本世紀初，出現所謂「國退民進」之改革浪潮。截止 2011 年底，我國民營企業總數占全國企業總數的 96%，對中國 GDP 的貢獻超過 50%，吸納就業人數占就業總人數的 75%。我國民營企業有 85.4% 是家族企業。在未來 5—10 年內，民營家族企業面臨交接班占 34，一些家族企業創業者為此焦慮。

如之何？傳承好民企香火延綿不衰；傳承不好，二、三代就有可能嗚呼焉！

所以，民企創業者既面臨自身的危機風險，也面臨交接班的危機風險。因此，認真研究民營企業危機管理，應是一項艱巨而長期的工作。

2 「庶之，富之，教之」：⋯⋯。

「學而時習之，不亦說乎！有朋自遠方來，不亦樂乎！人不知而不慍，不亦君子乎！」（《論語·學而》。）

3 《論語》智慧（wisdom）與企業管理（business adminstration）管理：——「管理是現代機構的特殊器官》」（傑克·韋爾奇語錄。）

管理是器官⋯⋯

管理是機構的器官⋯⋯

管理是現代機構的器官⋯⋯

管理是現代級構的特殊器官。

研究以人為中心進行有效地管理。

孔子：「君子有九思，視思明，聽思聰，色思溫，貌思恭，言思忠，事思敬，疑思問，忿思難，見得思義。」（《論語・季氏》第184頁。）

孟子：心之官則思也。……

案例：2009年的輪胎特保案

大豆種子被騙案

廣西玉米案

……

孔子：視、觀、察，……聽其言，觀其行。

以直報怨……。

提高觀察力，思考力、判斷力，規避經營風險。

我倡議籌建明光徽商國學院，培養當代企業優秀管理人才和未來企業接班人。……

第五篇

家族企業發展戰略與管理
——學習交流提綱

■ 家族企業

1 企業概念：擁有資本並運用資本，創造價值，以實現效益最大化為目的的實體，稱之為企業。

　　家族企業是一些擁有資本並運用資本，以實現效益最大化的私人投資企業，是我國非公有制經濟的一種組織形式和獨特的企業結構，是私營或民營企業的非常重要的組成部分。

2 家族企業：投資主體是有能力的個人或合夥人，所有權和經營權均由投資人或其家族成員親自掌握控制。

3 我國家族私營企業解放初期經人民政府的「一化三改造」，基本無存。直到上世紀 80 年代中期，有些地方出現個體工商戶。

　　案例：河北石家莊的馬勝利、河南鄭州的牟其中、安徽的史玉柱……。

　　2003 年所謂「國退民進」，諸多集體企業經過改制，，轉變為私營企業。從此，我國的私營（民營）企業得到快速發展。

4 到 2011 年，我國大陸的私營（民營）家族企業占國內大陸企業總數近 90%，吸納社會就業人數占就業總人數的 85%；繳納稅金占國家財政收入的 65%。對國家經濟建設和穩定社會做出了巨大大貢獻！

年銷售 2061 億元，納稅 160 多億元，員工 20000 多名，子公司遍佈世界 100 多個國家。

案例：本人創辦的消防企業發展過程……。

1986——1995 年：艱苦創業期；1996——2003 年：許可證，發展期；2004——現在：買斷所有權，發輾轉型期。

▋ 二 家族私營（民營）企業的發展趨勢

1 西方國家的家族企業發展大體有三個趨勢：

   a 所有權和經營權分開；

   b 泛家族主義管理的盛行——由企業家族化逐漸變為家族企業化；

   c 家族企業進一步社會化——稀釋股權。

2 我國家族企業現狀及發展趨勢；

   a 上世紀 80 年代創立的家族企業第一代創始人基本面臨著交班；

   b 二代接班人的培養；

   c 選擇職業經理人；

   d 當下創業者三缺——技術人才、管理人才、資金；

   e 制度和程序——規範管理；

   f 經營風險：

▋ 三 家族企業如何制定發展戰略

1 要有清晰的戰略發展目標：

何為戰略？世界級管理大師傑克‧韋爾奇先生用擬人手法，形象地比喻說：「企業戰略不過鮮活的、有呼吸的、完全動態的遊戲而已。它是有趣的、迅速的，是有生命的。……真實的生活中，戰略其

實是直截了當的。你選準一個努力方向，然後不顧一切都實現它罷了。」[1]

傑克‧韋爾奇先生還說過：「戰略其實就是對如何開展競爭的問題作出清晰的選擇。……當你思考戰略的時候，要考慮反大眾化的方法。要儘量創造於眾不同的產品和服務，讓顧客離不開你。」[2]

戰略亦可稱之為謀略，心智計謀，事關全域，佈局謀篇；小謀略稱之為戰術。

2 牢牢把握兩個重點：

一是做什麼能掙錢，有效益？——反大眾化，產品與眾不同；二是服務與眾不同。積極創造品牌，用反大眾化的產品和服務佔領顧客心智，獲得顧客認知，讓顧客離不開你！

制定企業發展戰略，其實就是老闆及其高層的戰略思考力、決策力、競爭力和執行力。投資人要遵循偉大先哲孔子之教誨，做到「知（智）者不惑，仁者不憂，勇者不懼。」[3]

四 家族企業管理問題

1 何謂管理？美國管理大師彼得‧F 德魯克先生曾說過：「管理是現代機構的特殊器官。」[4]

---

1 傑克‧韋爾奇：《贏》，頁 153。
2 傑克‧韋爾奇：《贏》，頁 155、157。
3 《論語‧子罕》，頁 97。
4 《魯克管理學》，頁 237。

請大家分析其內涵：

「君子有九思」

管理是創造效益，經營是實現效益。管理的重點在經營！管理主要是對企業內部，組織、計劃、協調、指揮、控制好企業內部各個環節，創造商品；經營主要在企業外部，積極開拓市場，把商品轉化為貨幣，才能實現效益。

2 血緣與孝文化：

家族企業的特點：父子（女）親情牢不可破，親情大似天。「父子攘羊」，「舜帝之孝」，「閔子騫之孝」。

用儒家的孝文化教育子女。……

3 富之教之——培訓提升素質和素養。

素質：品德——決定方向；知識——影響方法；能力——決定執行效率。「拖延導致平庸，效率成就未來」。

素養：感知力——對事物感知廣度和深度；想像力——對未來的想像；創意思維。

4 **組建團隊**：高層出思路，中層出套路，基層員工走正路。
集體決策，避免失誤。

5 **溝通原則**：父子（女）溝通非常困難？
溝通原則——做到「三要三不要」：

要主動溝通，不要推卸；

要及時溝通，不要梗塞；

要和諧溝通，不要指責。

只有做到「與時消息」，才能實現「與時諧進」。[5]

五 學習交流提綱

(一)《論語》智慧與企業家修養

——在北京大學黃恒學堂學習交流提綱

佛家有句名言叫「懺悔」。懺為「梵語」，「懺摩」的略稱，願意為「忍」或「寬恕」。人有了過失。請求寬容，是「懺」的本意。「悔」也是梵語，意思是說罪，檢討自己的罪過。犯了過失，應對對方坦誠檢討，這就是「悔」，悔過、認錯，求得寬容。

佛家的觀點是：智者有二，一不造諸惡，二作己懺悔。——企業家可以借鑒乎？

儒家包容與佛家有異同之處。作一點研究。

1 人不知而不慍（angry）：

子曰：「學而時習之，不亦說乎！有朋自遠方來，不亦樂乎！人不知而不慍，不亦君子乎！」[6]

---

5 《周易》。

6 《論語·學而》，頁1。

說：悅，高興，快樂。

慍（yun）惱恨，惱怒。被別人誤解，不惱恨（hate），不記仇（bear grudges），不報復（revenge）。包容（comprehensive）的心態，寬闊（wide）的胸懷！

案例：
唐太宗與魏徵……。
鄧小平與毛澤東……。

2 三省吾身（reflect on oneself thres times a day）：

曾子曰：「吾日三省吾身：為人謀而不忠乎？與朋友交而不信乎？傳不習乎？」[7]

君子每天自我檢討：為他人辦事真心誠意嗎？與朋友交往守信用嗎？老師傳授的知識經常復習嗎？

3 不已知（known）：

子曰：「不患人之不已知，患不知人也。」[8]

患：擔心（worry），憂愁（sad），憂慮。不已知，不知道自己，不瞭解自己。不要擔心人家不瞭解自己，要考慮自己是否瞭解別人。

4 人際關係（interpers onal relationship）：

7　《論語·學而》，頁3。
8　《論語·學而》，頁9。

是指社會人群中因相互需要而建立的交往關係，又可稱社交。人與人之間相互關心、依存、支持、幫助或排斥、詆毀、重傷⋯⋯。與個人情感有關。

君臣相禮（the monarch and his subjects）

子曰：「事君盡禮，人以為諂也。」

對上級⋯⋯，對同級⋯⋯，對下級⋯⋯。

處理好人際關係⋯⋯。

5 父母與子女——勞而不怨（no resentment）——孝（filial piety）

子曰：「事父母幾諫，見志不從，又敬不違，勞而不怨。」[9]

父子（女）之關係？⋯⋯

何謂孝？⋯⋯閔子騫

6 好仁與惡人

子曰：「唯仁者能好人，能惡人。」[10]

仁（benevolence）：儒家道德的最高標準。

仁者具有是非觀念，愛憎情感。包容應是有前提的。仁者愛人（the benevolent loves others），具有「四端」之心。

9　《論語・里仁》，頁 37。
10　《論語・里仁》，頁 32。

對不仁者則不能無原則的去愛。

子曰：「放於利而行，多怨。」[11]

子曰：「巧言令色，鮮矣仁。」[12]

7 愛人與知人（spouse knowing）

樊遲問仁。子曰：「愛人。」問知，子曰：「知人。」⋯⋯

「舉直錯諸枉，能使枉者直。」[13]

仁者愛人，知（智）者善於識別人。

8 家庭夫妻包容：

一位哲人曾經說過：世界上最具能量的就是愛與情！

去愛她，犧牲自己，傾聽她的話，發揮同理心，欣賞她，肯定她，讚美她！

相愛不等於去愛，愛是一種行動，是一種基於意願的行動。我們必須選擇去愛。不論我們多麼想愛一個人，如果實際不做，那就會成泡沫！

「少年情侶，青年夫妻，中年伴侶，老年看護！」——培根語錄

9 報德與報怨

或曰：「以德報怨，何如？」子曰：「何以報德？以直抱怨，以

11　《論語·里仁》，頁 36。
12　《論語·學而》，頁 2。
13　《論語·顏淵》，頁 134。

德報德。」[14]

以德報德（one good turn deserves another），以直報怨（justice in return for injustice）。這是儒家的思想。直：直即正理、公理。直與曲相對立。做人要直爽，直爽才能得眾，才能以理服眾。

對怨者不能姑息遷就，要以理說服。

10 自我養心：

——掌紋手線診斷：養心、養神、養志。[15]

1 線——情感線；
2 線——智慧線；
3 線——生命線；
4 線——健康線；
5 線——玉柱線；

……。

年齡　情緒　疾病……。

十五志於學，三十而立，四十而不惑，五十知天命，六十而耳順，七十而從心所欲，不逾矩。

「三戒」：——少年戒色，青年戒鬥，老年戒貪。

14　《論語·憲問》，頁 161。
15　參見王晨霞：《手會說話》（哈爾濱市：北方文藝出版社，2008 年 11 月）。

五行與修養

五志：肝——怒；心——喜；脾——思；肺——悲；腎——恐。

善於調節五臟，控制情緒。

【人生五大正能量】：
1 遇到愛你的人，學會感恩；遇到你愛的人，學會付出。
2 遇到你恨的人，學會原諒；遇到恨你的人，學會道歉。
3 遇到欣賞你的人，學會感激；遇到你欣賞的人，學會讚美。
4 遇到嫉妒你的人，學會低調；遇到你嫉妒的人，學會轉化。
5 遇到不懂你的人，學會溝通；遇到你不懂的人，學會請教。

（二）競爭——發明——創新——效率——早讀課件提綱

1 競爭：（compete）比賽對抗；博弈（game）遊戲勇敢的比賽、對抗，目的：取勝（win victory）。
   掌握信息，對競爭制勝非常重要。只有知己又知彼的博弈者，才能立於不敗之地。……
   建立信息庫（information hase）——瞭解信息：國內市場需求及行業信息、國際市場需求及行業信息，知己知彼，信息對稱，博弈制勝（game subdue！）
2 發明（invent）：是創造或發展新產品或新流程的行為。
   創造、虛構、捏造、假設……
3 創新（blaze new trails）：是使發明成為商業化產品的過程。創新是對發明新產品的開發。

發明使某些新的東西成為可能；而創新使發明的東西成為產品投入使用。

技術標準被用來衡量一項發明的成功與否，而商業標準用來判斷一項新的產品成功與否。

創造新的能力：創新使創業者的特殊功能，是創業者藉以產生創造財富的新資源或賦予現有資源擴大財富的方法。……創新應該成為一個公司所有活動的固有組成部分。——彼得·Ｆ德魯克語錄

創新或變革「要有撼動大山的勇氣！」——傑克·韋爾奇語錄

創意經濟：創意工業，創造性產業開發個人智力，創造新的財富。……發散思維，頭腦風暴……。（中國節做領帶）

4 效率（efficiency）：

是指給定投入和技術的條件下，經濟資源沒有浪費，或對經濟資源能帶來最大可能的滿足利用。

拖延導致平庸，效率成就未來！

「子路無宿諾。」「由也果，賜也達，求也藝。」

案例：早在上世紀 90 年代，澳大利亞一地區要籌建一個火力發電廠。籌建單位發出信息，全球招標。美國和日本的兩家電力公司幾乎同時收到信息，他們都派出技術和商務代表飛往澳洲。美國公司代表到澳洲後，選擇大賓館住下來；而日本公司的代表一下飛機就直接驅車去拜望招標單位，最先遞交了投標檔。日本人的行動可謂捷足先登，令澳洲人很感動。他們隨即開始談判，一切進展很順利。而這時，美國代表且在咖啡屋裏喝著咖啡，盡情消遣呢。

第二天一早日本幾位代表飛回東京，下飛機直接去總裁辦公室回報談判情況。經總裁批准，以優惠的價格取得競爭勝利。第二天，美國代表來到那家招標公司時，招標單位告訴美國人；籌建電廠的合同已與日本那家電力公司談完了。

領導力——贏的前提

領導（leadership）——

領導力——一系列行為能力的組合，它包括組織策劃能力、周密計劃能力、統帥指揮能力、應變控制能力、即時溝通協調能力。目的——使眾人行！能力和技巧、藝術、謀略等智慧。

1 企業品質方針

　　品質是金，管理精細增效益；顧客第一，依靠科技創品牌。

2 品質「三字經」

　　人品正，品質硬，市場興，財源盛，廠興隆，三者豐，人歡騰！

（三）公司當前管理意見

1 充實公司高管團隊

　　A 董事會目前 5 人組成，且家族成員占 3 名，據此可增加非家族成員兩人，便於廣開言路，組成公司決策層。

　　B 經理執行團隊目前只有 2 人，可增加 4 名付總經理，加強高層團隊執行力量，且注意從家族成員中推選 1 人，非家族者

推選 2 人，有利於公司彙集眾人之力，管理好家族企業。

C 明確公司高層幹部組成：董事長、總經理、監事會主席、4
名副總，共 7 人組成公司高層管理團隊；黨支部書記可列席
參加公司高管相關會議，但不參加表決。

2 調整、加強公司中層執行團隊。中層機構可設：技術創新部
（對外技術中心）、生產品質部、財務控制部、品質控制部、
市場行銷部、資源管理部。

每個部可設 2——3 名副部長職務，不一定都要內設科室。

3 為了對家族高管成員教育和監督，使他們不逾距，不偏離仁義
之道，不亂作為，公司創始人既父輩作為公司高管團隊的顧
問，可參加公司重大戰略決策的論證會議，關乎公司發展方向
的重大問題有話語權和否決權，但要尊重所有管理幹部的合理
意見。

4 高管幹部（尤其是家族成員）要堅持發揚民主作風，多溝通，
多商量，減少失誤、避免失誤。要自覺接受黨組織監督和職工
群眾的監督，虛心聽取不同意見。凡因個人錯誤給公司利益造
成損失者，要接受組織處理。

按：我於 2010 年 2 月擬定公司高層管理者薪酬意見，主要是想
體現崗位責任，現發給你們幾人，望認真研究，修改補充後再以正式
檔簽發（知情者只限高管及財務會計），可作為明年高層管理者薪酬
之標準。

（四）關於公司管理幹部薪酬的意見（單：元）

1 高管人員

年薪制：基本工資＋崗位津貼＋績效提成＋工齡補貼＋年終獎金＋股東紅利；（少數非投資人可給身股）。

董事長：2000＋4000＋單車 200＋10（年）＋利潤 1.2%＋股東紅利；

總經理：2000＋3600＋單車 200＋10（年）＋利潤 1%＋股東紅利；

監事會主席：2000＋2000＋單車 80＋10（年）＋利潤 0.5＋股東紅利（非家族者給身股 0.1%）；

副總經理：2000＋3000＋單車 150＋10（年）＋利潤 0.8%＋股東紅利。（非家族者身股利潤 0.2%）；

總工程師可參照副總標準，亦可試行項目制。

2 中層幹部薪酬，可參照上述方案由資源管理部分管人力資源的主管編制方案，經總經理辦公會議集體審定後試行。

3 車間工人薪酬原則上依據工時定額為主，崗位補貼以勞動法規定執行；

4 銷售人員薪酬結算辦法應認真研究。

5 各部門文員薪酬由人力資源部門制定，經總經理會議集體審定後試行。

以上意見望你們認真討論、研究修改後執行。

個人所得稅依規定繳納。

（五）關於加強市場銷售工作的幾點意見

1 市場銷售工作是企業非常重要的組成部份，是實現產品轉化成貨幣的不可或缺的關鍵環節。

2 我公司市場部大多數業務銷售人員，具有強烈的事業心，勇於開拓、奮力拼搏、吃苦耐勞之精神，他們為公司做出了巨大的貢獻。

3 鑒於國內消防車生產企業不斷增加，未來市場之競爭必將日趨激烈。為此，公司高管團隊必須不斷研究市場新情況，破解新難題，突破新瓶頸，快速調整思維方式，做出新的決策。

4 擬組建新的銷售公司，選聘有良好品行素質、熟悉市場規律、樂於奉獻的人員，擔任銷售公司總經理，並選聘 2——4 名副總，組成團隊，負責策劃公司兩個市場的行銷計劃。

5 銷售公司隸屬總公司，銷售公司總經理可由總公司高管幹部擔任，副總為總公司中層幹部團隊成員。

6 銷售公司可分設為國內銷售部、國際銷售部，副總可分別擔任兩部部長，並可選聘副部長。

銷售公司可設立辦公接待室，業務信息室，配備專職司機、專用接待車輛。銷售人員可分區域安排辦公室。

7 銷售公司薪酬待遇：

a 總經理、副總經理可試行基本工資十崗位津貼十績效獎勵；總經理年薪在完成當年總公司營業任務的前提下，可在 25 萬元左右，副總經理年薪可在 20 萬元左右，其中含績效獎金，不封頂。當年考覈結算兌現。個人所得稅自理。相關銷售費用可另行制定規則。

b 銷售業務經理的薪酬可參照原市場部檔修訂執行。

  c 內務人員薪酬可仍按總公司相關檔執行。

8 售後服務工作可歸併到銷售公司，亦可成立顧客服務科。鼓勵有技術的銷售經理兼售後服務工作，另增加崗位津貼，每月不少於 800——1000 元；鼓勵有能力的售後服務技師積極參加部份省區的銷售工作，只要賣出消防車輛，按銷售文件規定結算酬金。

9 對於成績突出的銷售人員，總公司可給「身股」，當年結算，次年終支付。如果中途離開本公司，所得「身股」作廢。

10公司投資人和高管團隊要時時關心奮戰在銷售、售後服務一線的員工，努力做到「泛愛眾而親仁」。

以上 10 條意見，望公司董事會盡快研究修訂後試行。

（六）加快專利技術申請的意見

1 我公司已擁有書項專利技術，且已轉化為新產品，服務於社會主義經濟建設，並受到專家的認可和顧客的接受。

2 社會不斷進步，科技發展日新月異，我們決不能固步自封，停步不前。故必須加快新的專利技術項目設計、申報，突出自主創新，兼顧引進消化吸收。

3 目前我公司應組織力量，認真編寫「機器人」系列技術檔，如井下地面偵察機器人、隧道搶險排煙機器人、防暴機器人、排雷清障機器人等；完善滅火機器人製造技術工藝。上述專案力爭在三季度首月申報發明專利和使用新型專利。

4 加速編制 30 萬立方的節能環保排煙滅火新項目專利申請書，

在今年 7 月份申報新型專利和發明專利。這個新項目必將有相當的市場前景。

5 隧道封堵牆技術也應列入專利技術申請專案。

6 原已獲專利的三項射流新技術、超細水霧新技術，繼續完善產品製造技術工藝，提高滅火功能。

「天行，健。君子以自強不息。」《周易·乾卦》。

「地勢，坤。君子以厚德載物。」《周易·乾卦》。

「苟日新，日日新，又日新。」《四書·大學》。

(七) 召開新產品技術研討會的意見

去年公司幾乎沒有召開過用戶座談會議，今年時間過去一半，公司高層對市場開拓應抓緊研究方略。為此，提出以下意見：

1 積極籌備由此新產品技術研討會議，時間可安排在 6 月下旬或 7 月上旬，地點可在上海或蘇州、杭州。會議後參觀上海世博會展覽。

2 成立會議籌備組，擬邀請專家和用戶代表應盡快研究，發邀請函。

3 本月下旬要盡快把各地服務站建立好，以便在會上宣傳。

4 做好保密工作。

5 做好財務預算。

6 新產品展示？

7 其它。

「與時消息！與時偕進！」《周易》

（八）新產品研製意見

1 在建新車間應確保在 6 月下旬完工，此工程已拖延數月，嚴重影響高噴車專案進度，管理部應對此事做出認真反思，並需在中層幹部會議上作檢討說明。

2 前年開發的三項射流消防車，應盡快完善技術工藝，使其盡善盡美矣，且由銷售公司盡快賣掉。

3 高噴車應認真做好投產前的各項準備工作，7 月份出產品並檢驗、申報公告和 3C 認證。

4 排煙車系列產品：30 萬立方排煙車、隧道排煙機器人、偵察機器人、反恐防暴機器人 4 個新項目應作為今年研發之重點。

5 航空雙發排煙車應率先完成技術工藝檔，並加快進度。力爭在「7.1」前出大樣。

6 18——20 頓泡沫車、12 頓水罐車等，應積極創新，突破老面孔，「老中有新」。

7 2——6 條務請技術部石、郭二君盡快研究，制定實施計劃。

（九）加快基建工程的意見

1 公司於去年三季度開始新建兩個車間，按原進度應在今年元旦前完工，工期一拖再拖，嚴重影響公司新項目開工。

2 工期延誤之原因前期故由天氣陰雨所致，更重要的原因恐怕是公司管理部主管對此項工程緊迫性認識不足，管理不力，協調

不夠。

3 總經理對此項工程似乎置若罔聞，缺乏指揮、協調和執行力，這應是造成此工程拖延的主要原因。

4 對此 公司監事會要求：本工程在 6 月下旬必須完工，7 月上旬投入使用。

5 如果不能完成上述任務要求，你們自動請辭！

「與時消息。」「與時偕進。」《周易》

（十）公司實習大學生安排使用計劃的意見

1 三年前，公司定向培養了 30 名大專學生，去年 11 月初 29 人到公司實習，目前已有近 8 個月了。去年 7、8 月份招聘幾名大學生同時考評。

2 下個月要認真組織考覈測評，考評之內容：
A 德行品質：為人忠誠、吃苦精神、生活簡樸、團隊意識；
B 能力測評：動腦、動手、語言、思維等；
C 對公司的管理意見、建議；
D 個人對崗位的要求，對住房、生活、工資待遇的期盼。

3 成立人才考評小組，可由技術，人事、生產等部門相關負責人組成，可請公司黨支部負責人參加指導。（公司監事會主席倪潔老師中考後可多化些時間抓此次考評工作。）

4 考評組要精細編制公司人才需求計劃、培訓計劃，使用計劃。此項工作爭取在 7 月份完成。

「君子不器。」「瑚璉也。」《論語》

（十一）請求保護專利權益的報告

國家智慧財產權局：

尊敬的田局長：

我們是安徽省明光市浩淼消防科技公司的技術管理和研發工作人員。早在 2008 年 10 月 22 日。獲得了國家智慧財產權局頒法的《消防車載渦噴滅火裝置——實用新型專利證書》，專利號：2008 2 003 0530.0。參加此專案研發的還有一位空軍裝備研究所的原副所長姬永興同志，當年聘其為我們公司的技術顧問，我們公司支付其年薪 30 萬元。此項專利技術已轉化成產品，且已通過國家工信部公告、公安部消防產品評定中心的 3C 認證，取得了合法的生產經營許可證。

2009 年 3 月，姬永興同志又在江蘇丹陽市卡威專用汽車有限公司策劃生產渦噴消防車，並從明光浩淼公司挖去數名人員，鑒於此，明光浩淼公司於 2009 年 7 月份停發了姬永興同志的專家顧問費。

2009 年 7 月 24 日，我們對渦噴消防車又申報了一個新的實用新型專利，即改航空煤油為輕柴油，大大降低實用成本。經國家智慧財產權局審核，於 2010 年 5 月 26 日給我們頒發了《以輕柴油為燃料的渦噴發動機啟動裝置》。據此，我們已獲得渦噴消防車兩項國家實用新型專利技術。

上述兩項專利權人均是明光市浩淼消防科技有限責任公司。

2010 年 3 月、4 月份，在江蘇省、四川省消防車招標採購現場，居然發現江蘇省丹陽市卡威專用汽車製造有限公司的銷售人員也參加渦噴消防車的投標，據說通過某消防上層關係居然拿到訂單；今年 6 月上旬，我們在中國消防協會主辦的《消防產品與技術信息》刊物封面上，又發現刊登了江蘇省丹陽市卡威公司的渦噴消防車的圖文廣告，對我們的專利權構成了侵犯。為此，我們請求貴局依國家專利法，調查處理江蘇省丹陽市卡威汽車專用有限則任公司的侵權違法行為，以保護我們的合法權益。

上述報告如有不妥，敬請指正。

謝謝！

專利權人：安徽省明光市浩淼消防科技有限公司

（十二）維權鄭重聲明

今年三、四月份，我們發現國內江蘇省丹陽市某專用汽車製造公司，生產渦噴消防車，並且在市場宣傳、銷售此產品，構成對我公司專利權的侵犯。故特作如下維權聲明：

1 我公司技術人員於 2008 年 1 月 4 日申報了「消防車載渦噴滅火裝置」專利申請檔，2008 年 10 月 22 日國家智慧財產權局頒發了《消防車載渦噴滅火裝置》實用新型專利證書，專利號：ZL 2008 2 0030530.0；2009 年 7 月 24 日我們又申報了「以輕柴油為燃料的渦噴發動機啟動裝置」專利申請檔，2010 年 5 月 26 日國家智慧財產權局頒發了《以輕柴油為燃料的渦

噴發動機啟動裝置》實用新型專利證書，專利號：ZL 2009 2 0186551.6。上述兩項專利權人均為明光市浩淼消防科技發展有限公司。

2 鑑於江蘇省丹陽市某專用汽車公司法人代表可能在不明真相的情況下，生產並銷售渦噴消防車，實際上對我公司已構成了侵權行為。在此我們鄭重聲明：請貴公司立即停止侵權行為，或商討有利於各方的做法，否則，我們將訴諸於法律保護。

明光市浩淼消防科技發展有限公司

（十三）關於迅速解決塗裝（含前處理）車間工人基本工資的意見

1 今年4月中旬，塗裝車間部分工人在捐資玉樹地震災區時，強烈要求 公司支付他們的基本工資。對此部分工人的這一合理要求，公司至今未給予答覆，這是不尊重員工民主權利的表現。

2 我們意見：公司董事會要迅速研究塗裝車間工人們的合理要求，制定新的分配方案，保護工人的合法權益，維護公司之穩定。

3 公司高管團隊應積極參加黨支部組織的國學學習，以提高自身的人文修養，努力做到「泛愛眾而親仁」，「己欲立而立人，己欲達而達人。」真正體現管理「以人為本」。

4 今後如發現高層管理者對員工的合理意見要求至若罔聞，由此而造成的不穩定，應追究高管者的責任。

浩淼公司監事會 2010 年 6 月 25 日星期五

（十四）關於維護專利技術權益的聲明

我公司先後獲得如下專利：

專 利 名 稱	專 利 號	專利類型
1 無線遙控車排擋機構	ZL200520070203.4	實用新型
2 無人駕駛車執行裝置	ZL00221994.8	實用新型
3 消防車載細水霧滅火排煙裝置	ZL200620126162.0	實用新型
4 車載超細水霧滅火裝置	ZL200820161872.6	實用新型
5 消防車載細水霧滅火排煙裝置	ZL200610096834.2	發 明
6 消防車載渦噴滅火裝置	ZL200820030530.0	實用新型
7 消防車用立式旋轉架	ZL200820185595.2	實用新型
8 消防車用立式旋轉架	ZL200810196529.X	發 明
9 消防車用空氣呼吸器翻轉託架	ZL200820185596.7	實用新型
10 車載冷氣溶膠滅火裝置	ZL200820161870.7	實用新型
11 三項射流噴射滅火裝置	ZL200820161871.1	實用新型
12 以輕柴油為燃料的渦噴發動機啟動裝	ZL 200920186551.6	實用新型

我公司鄭重聲明：如有侵犯我上述專利權的公司或個人，我們必將依據《中華人民共和國專利法》予以起訴。

專利權人 安徽省明光市浩淼消防科技發展有限公司

（十五）公司基建、維修工作安排意見

　　為了認真搞好公司基建、維修工程，節約成本，特提出以下意見：

1　成立公司基建維修辦公室，可與管理科合併辦公。選聘主任 1 人，工民建技術工程人員 2 人，公司財務成本、法律人員參加基建工程招標工作。

2　基建辦公室負責制定公司基建維修工程規劃計劃、申報審批、經費預算、組織招標、工程施工進度品質監督、結算等。

3　基建辦公室由公司財務副總親自主管，審批基建經費支付。

4　今年下半年主要做好以下工作：
　　a　板材庫尾留工程及室外淨化池；
　　b　品質部檢驗室內裝及室外地衡；
　　c　老廠接自來水、學生宿舍、廠房維修、新建簡易廠房；
　　d．新廠北區規劃計劃：試驗塔、隧道實驗室、員工公寓、食堂（兼禮堂）、道路、廠房等。

5　希望公司高管團隊對公司規劃予以高度重視，涉及到公司穩定和未來發展。

　　天行，健。君子以自強不息。
　　地勢，坤。君子以厚德載物。

（十六）消防車銷售合同信息輸出簡明表

1 顧客：　　　　車型：　　　　交貨時間：

2 底盤型號：

3 上裝結構：

  A 成員室：單排：　人；雙排：　人。

  B 容罐：水（t）：　泡沫（t）：　；材質：碳鋼　不銹鋼；
    規格（mm）：底：側板　封板　頂板　防蕩板；外露　內
    藏；裙邊結構：

  C 捲簾門：左　副，右　副，後　副；

  D 消防泵型號：高壓　中低壓　低壓，流量：（s.l）產地：國
    產　進口：國家；中置　後置；泵室保溫：

  E 消防炮型號：射程（m）水　泡沫；產地：

  F 警燈型號：枕式　圓式；

  G 電氣配置：側燈　左　只，右　只，後　只；

  H 塗裝：面漆　國產　進口；外部圖裝圖案：

4 器材配備明細表：附清單

填表人銷售經理：　時間：　年　月　日　銷售公司主管簽字：
        時間　年　月　日

    備註說明：此表由技術部、市場部聯合設計，市場部負責輸出，
供生產、材料、檢驗、發送車、售後等部門使用。如有不完善之處，
請各部門及時、主動、和諧溝通，避免梗塞，貽誤商機。

    「如切如磋，如琢如磨。」（《論語》·學而。）

（十七）關於技術中心增設研發機構的意見

1 公司技術中心是經安徽省科技廳批准的省級技術中心，自成立以來，在外聘技術專家的指導下，近年來先後研發出渦噴消防車、三項射流消防車、超細水霧、超細乾粉消防車、自裝卸式消防車、40、60、80 型消防泵，同時，對原數十種車型進行了設計改進，部分零部件設計創新，使之更貼近市場需求，為公司經濟效益的增長做出了積極地貢獻。

2 我們公司的消防車設計工藝、製造工藝等諸多方面仍存在許多缺陷，顧客抱怨不斷，尤其在設計、生產工藝上幾乎停留在兩年前的水準，無有重大創新。有的設計人員固步自封，缺乏創新思維，墨守成規，不思進取；技術部設計流程不夠科學，存在人力資源浪費現象。

3 創新是企業進步的靈魂，持續改進是永恆的主題。創新是管理者的頭等大事，技術創新是企業常勝不衰的動力源泉。

4 為盡快破解發展難題，突破發展瓶頸，我建議盡快籌建技術中心研發機構。目前，可成立三個研究所：

A 遙控技術研究所，

B 特種裝備研究所，

C 消防泵、炮研究所。

上述三個研究所可選聘年輕技術人員擔綱，挑重擔，聘請專家擔任技術顧問，傳幫帶，爭取在不太長的時間內能出 2——3 項科研成果。

5 公司應為科研技術人員創造較好的工作、生活條件，對作出貢獻的技術人員應依據公司獎勵制度，給予獎勵兌現；重大特殊

貢獻者可獎勵轎車、住房，出國深造等。

以上五點意見望石、郭二君攜門人們盡速研究執行。

（十八）當前公司管理工作的幾點要求

1 10 月份國際消防展在即，技術部門應集中精力抓緊展品研製，集思廣益，群策眾力；工藝要下力氣切磋琢磨，突出先進性、實用性；此項開發工作納入技術中心年終評獎考覈重要內容。

2 技術中心要引進人才，充實力量。目前可聘請安徽理工大學副教授徐曉光碩士擔任技術中心副主任，主抓機器人、智慧操作、遠端監控診斷等高端項目。新進的大學生一定要精心安排，積極培養、大膽試用，避免無人管理，造成資源浪費。

3 高噴車生產線要抓緊準備，技術工藝科要盡快利用已有大樑加工臺架、卡具、移動工具等生產輔助設備，爭取 8 月中旬試產。

4 銷售部門要精細研究應收回款計劃，確保公司資金流暢。凡有 100 萬元以上應收貨款的銷售人員，8 月份開始集中時間收款，結算工作應依據收款進度和公司檔同步進行。
  銷售部門目前不宜進新人員，待「磨其筋骨，苦其心志」後，再做安排，並選派得力組織者另行策劃。未來新進銷售人員，決不要和老銷售和在一起。

5 管理部要加快尾留工程了結工作，本月底前處理車間、板材庫要完工，下月上旬老廠前處理車間一定要搬到新廠新車間。要

精細編制老廠維修計劃，並抓緊研究實施。

新廠二期工程要抓緊規劃報批，力爭 9 月份完成道路、實驗塔、隧道、車庫的施工任務；11 月份完成職工食堂、員工宿舍樓招標設計工作。

6 公司總經理偕品質部、市場部集中精力，組織落實幾個服務站的建設，抓緊配置資源，這是公司管理創新的重大舉措，也是管理大師的經典理論之實踐。不能只說不做，等於不說，君子應慎於言，敏於行。

7 為了抓好採購成本的控制，要求公司監事會、財務部、生產部共同對供應商進行一次新的評審。合作供應商均要有兩家以上，決不能只在一棵樹上求果實。

8 公司高管團隊要加強溝通，凡需及時解決的問題要像子路那樣：「無宿諾」（不過夜），集體決定的事情不得壓著不執行，頂著不辦，影響大局。尤其是董事長、總經理，更要加強組織、指揮、控制、協調和執行力。

天行，健。君子以自強不息、

地勢，坤。君子以厚德載物。

（十九）北京第十四屆國際消防展覽會

公司參展樣車展板文字

融世界創未來

工業消防新裝備——智慧滅火機器人簡介

1 底盤：UD，發動機功率：340Kw（462PS）；最高車速：107km；

2 消防泵：產地 德國，流量： 消防炮射程：≥m；

3 容罐載液量：滅火劑 18000L；

4 整車智慧無線遙控系統：遙控發動機點火、掛檔、前進、後退、左右轉彎、鳴笛；遙控取力器驅動水泵、水炮噴射滅火劑。遙控距離：150──300m.，可取代「雙頭」車；泵室顯示幕，操作簡便：一鍵式按鈕，方便快捷。

5 工業智慧滅火機器人是石油、化工、天然氣、機場、森林、礦山、港口、核電等系統魅惑救援的極佳裝備。

融世界創未來

高端消防裝備──三項射流新技術簡介

1 三項射流新裝備：五十鈴底盤、美國赫爾公司消防泵、專用滅火槍、炮系統；

2 三項滅火劑：固態、液態、氣態滅火劑等有機、適時混合，極大提高滅火效率；

3 三項滅火劑噴射時直擊燃燒物表面，對燃燒物體有很強地抑製作用，抗復燃效果極佳。

4 三項射流新裝備，適用於 ＡＢＣＤ 類火災的撲救，資源節約，環境友好。

融世界創未來

渦噴雙發世界首創

1 底盤：6×6 越野性能強，最大爬坡度（%）：60，最大總品質；（kg）：36000；最大車速：≥ 110km，加速至 80km：35s；

2 強風排煙：排煙量：60——80 萬 m³；可以改變火場風向，有利於人員轉移和施救；

3 噴射超細水霧有效距離：≥100m，稀釋火場有毒、有害氣體物質，並具有極好的洗消功用；

4 此車是 機場、石油、化工、天然氣、森林、礦山、核電、港口碼頭等行業搶險救援的最新裝備。

5 採用抗噪措施，減輕對指揮、操作人員噪音干擾，保障正常通話。

融世界創未來

節能 低噪 高端排煙新裝備簡介

1 底盤：陝汽產 4×4 越野性能強 最大車速：88km／h，爬坡度：

2 風機：航空螺旋槳技術，自主研發；排風量 30 萬 m³／h，

3 風機由底盤動力直接驅動，節約燃油，噪音低；≤分唄，

4 風機可升高 2m，旋轉 370°，俯仰 35°；

5 眾多細水霧噴嘴，流速射程 ≥80m，覆蓋面廣，驅散火場濃煙、稀釋毒氣物質，提高滅火救援效率。

6 此裝備廣泛適用於城市、機場、石油、化工、天然氣、核電、港口碼頭等系統滅火救援。

融世界創未來

排煙救援消防機器人簡介

1 底盤：北方奔馳，4×4 越野型，發動機功率：221kw
 （280ps）爬坡：60%；

2 整車智慧無線遙控系統：發動機點火啟動、掛檔、前進、後
 退、左右轉彎、鳴笛、駐車；並可取代「雙頭車」；
 遙控啟動取力器、水泵及管路閥門、水炮，噴射滅火劑；
 遙控距離：150——300m；

3 配備大功率發電照明系統，搶險救援適時發電照明；

4 配備 40——70m 膠管卷盤，方便隧道、地下室滅火救援；

5 配置水罐、水泵、水炮滅火系統，大功率水力排煙機，排煙
 量：15000m／h，噪音低，風機升高 2m，旋轉 370°，俯仰
 35°；

6 眾多細水霧噴頭，細水霧有效射程≥60m，稀釋隧道、地下室
 內煙霧及有毒有害氣體，保護受困人員生131命安全。

融世界 創未來

多功能負壓排煙救援車

1 發電照明功能：發電機功率：50kw，高效照明燈
 4×1000kw，升高 8m；

2 牽引功能：前置牽引絞盤功率：5000kg，滑輪組並用時拉力
 ≥1000kg，

3 起重功能：車後配備國產優質弔機，最大起弔力 5000kg

（2m）；

4 吸排煙功能：配備負壓式風機，最大吸排煙量 60000m³／h，可選配吸煙管長 40——80m；

5 高效滅火功能：配備滅火系統；容罐：A 類泡沫 12L、水 500L，水泵流量 30L／s；卷盤：70m，可有效撲滅 A、B、C、D 類火災。

融世界創未來

18 型高噴消防車簡介

1 底盤：陝汽產

2 發動機功率：276kw（380ps），最大車速：90km，

3 水罐容積：12000kg，（水 100000kg，泡沫 2000kg）；

4 水泵：美國赫爾公司 80 型，水炮有線電控 64L／S 射程 ≥70m；

5 舉升機系統及高度：舉升機液壓支腿首家獨創「八」型結構，展開速度快，跨度大，穩定性好，支腿採用一鍵式自動調平及回收，舉升高度 18m。

（二十）中國明光浩淼消防集團公司簡介

1 浩淼公司是中國的民營企業，總部在安徽省明光市。（原中國海協會會長——汪道涵先生之故里。）廠區 150000 平方公尺，廠房 60000 餘平方公尺。

2 人力資源：員工 300 餘名，大專以上文化 60 多名，高級工程

技術、管理人員 10 多名，碩士、博士研究生 6 名。

3 集團公司在北京中關村工業園設立研發中心、國際貿易部；集團下設普力斯分公司、派波分公司、輝光分公司三個二級機構。

4 集團公司主要產品；輕、中、重型消防車 80 多個品種，其中具有自主智慧財產權的專利項目 28 個；另研發生產高、中、低壓消防泵、槍、炮，優質防火塗料（油漆）。

積極研發反恐防暴機器人等系列產品，森林滅火裝備；

5 集團公司長期堅持優質服務，分別先後在北京、大慶、內蒙、西安、新疆、蘭州、昆明、廣東等地籌建售後服務站，選派技師真誠為顧客服務。

歡迎國內外專家、學者、同仁親臨本公司考察指導，洽談合作，實現共贏。

融世界創未來！

地址：安徽省明光市工業園　郵編：239400　電話：0550——8090112

（二十一）關於編制「十二五」公司戰略發展規劃的意見

1 公司制定發展戰略要緊緊圍繞「產品和服務」兩個大方面來思考，即研發生產哪些產品，適應市場之需求？是繼續實行「專業化，多品種」，還是積極探索「多元化」發展之道？

「服務」是產品品質的延伸，公司應修定完善並實施「服務品

質保障體系」，以鞏固老市場，開拓新市場。

2 戰略發展規劃要由「高素質的人才組成的團隊」，通過「精細管理」才能實現。「管理是現代機構的特殊器官。」（管理大師韋爾奇語。）

3 公司管理團隊應依據公司規模而設定，切勿機構太多，非技術、生產人員臃腫，增加綜合成本，且不利於內部溝通。

4 浩淼公司屬於「中小型企業」，公司機構擬分：決策團隊、高層執行團隊、中層執行團隊、專家顧問等四個層次。

決策層：公司投資人組成的股東會，推薦相關人員組成董事會。董事會成員應有執行董事和非執行董事，投資控股人擔任董事長即法人代表，投資人推選一名常務副董事長，高管執行團隊總經理參加董事會，副總經理一人參加董事會，另可聘相關技術專家、員工代表參加董事會，以區別董事會和高管執行團隊的職能。

5 浩淼公司董事會可由 5 至 7 名德才智者組成，作為公司的決策機構。股東應尊重董事會的每位成員的辛勤勞動，感謝他們為投資人創造價值，為國家創造稅金，為員工增加收入。

6 公司高管總經理執行團隊可由五名德才智者組成，試行集體領導、集體決策；職責具體、分工明確，堅持民主集中制，少數服從多數，下級服從上級。副總可兼任中層部門長，實行「直線職能」管理方式為宜。

7 中層執行機構應遵循「中小企業」的規模而設立。本公司原有中層執行職能機構可作適當調整，保留技術中心、生產部、品質部、市場銷售部、財務部，另可設立一個綜合管理部。上述

機構內部根據需要可設立科室。如技術部內部可設置設計、工藝、標準化科室；生產部可設材料保障（含倉儲）、調度、安全及設備、車間。市場部可分設國內部和國際部。

8 管理者代表不是企業組織機構，一般可由總工程師或技術、品質部長兼任。

9 新產品研發可試行項目制。專案經理可由副總或德才智者擔綱，明確責、權、利，總經理負責配置足夠的資源。

10 聘請大學教授、消防技術專家、企業管理專家組建公司智囊顧問團，為公司高層決策出謀劃策。

11 公司應完善監事會，履行法律賦予的職能；公司黨支部、工會應發揮監督作用。

以上意見僅供股東、高管們參考。

（二十二）關於改選公司董事會、監事會的意見

1 浩淼消防科技公司董事會成立於 2007 年 5 月，當時有 5 名董事組成。公司創立者於 2008 年 8 月把股份分給幾名子女，成立了經國家工商部門備案的家族式股份制企業。

2009 年 3 月，公司聘請的總經理突然離廠，公司經歷了一次小的震盪，但無大礙，遂於 4 月份調整、充實了 2 名董事，繼續帶領員工積極開展各項經營工作，且取得了顯著地成績。

公司董事會 5 名成員除董事長一人外，其餘 4 人均擔任公司管理幹部，其中 1 名總經理，2 名副總，一名中層部門長。隨著時間的推移，現在看來，原董事會成員既缺乏代表性，（5 人

中家族成員占 3 名）又缺乏能力、智力之水準，對公司技術、生產、市場等企業管理流程基本不知或知之甚少，且內部缺乏有效的溝通，不時出現瓶頸，嚴重阻礙公司經營。

鑒於上述情況，改選公司董事會勢在必行。

2 董事會成員可由 5——7 人組成。董事長為投資控股者，家族投資成員另推選 1——2 人，公司總經理、副總 1 人、另可推選技術專家 1 人、當地銀行代表 1 人、員工代表 1 人等 7 名成員組成公司決策機構。

3 董事會成員必須忠於本公司，且具有大專以上學歷或在本公司工作 5 年以上、熟悉公司經營流程者，具有前瞻眼光和良好的心裏素質、善於溝通，具有相當的分析、判斷、決策能力，善於學習、虛心聽取廣大員工意見，為他人謀而忠，為朋友交而信。這些應是企業決策團隊的基本要求。

4 董事會成員產生辦法：

　A 造勢：編制宣傳提綱，印發給員工，公佈董事會成員條件，公推人選名單，（董事長、總經理可由股東會提名推薦）

　B 可由董事長或委派人力資源科室負責人分別召開座談會，廣泛徵求群眾意見。

　C 由公司股東會議依據員工退現意見，初步確定入選董事會人員名單，再次召開員工代表會議座談，由股東會議集體討論決定 7 名董事組成人員。

　D 公司法人代表由投資控股者擔任比偶那個出任董事長，董事長主持召開首次董事會議，提名常務副董事長、總經理人選名

單，討論通過決議。

5 公司監事會成員：

　A 可由5人組成，監事會主席可由一名股東成員擔任，另推選4名員工代表。

　B 監事會成員應忠於公司，善於聽取員工意見，認真負責，敢於直言。對公司董事會、高管人員的工作履行法律賦予的監督責任，且經常注意和大家溝通，及時糾正影響公司發展的重大過失。

　C 監事會主席應屬於公司高層管理幹部，可列席公司董事會議，便於溝通。

6 時間安排：公司董事會、監事會改選工作應在今年11月中下旬完成；總經理執行團隊需在12月上旬確定，中層機構及幹部聘用應在元旦前完成。

7 聘請少數有技術和管理專長的大學教授、專家學者，成立公司高級專家諮詢顧問團，為公司只發展和高層決策出謀劃策。此項工作可在明年1月上旬召開顧問團隊會議，討論公司「12.5」發展規劃。

　　以上意見請股東、何總邵總等同志認真研究，形成共識，制定細則，盡快操作。

（二十三）明光浩淼消防科技發展有限公司
　　　　　「十二五」發展戰略規劃編制提綱

1 前 5──10 年公司經營情況回顧分析

(1) 2000──2005 年分析

A 資源規模 固定資產：土地面積、廠房面積、設備；員工
人數及文化：

B 產量、產品品種及專利專案：

C 銷售市場分佈及銷售業績：

D 職能機構、管理人員：

E 重大事件及處置措施：

F 財務狀況：

(2) 2006──2010 年分析

可參照上述提綱逐項分析。

2 「十二五」期間公司發展戰略規劃：

(1) 戰略分析：

A 外部經營環境分析

國家宏觀經濟發展分析：

政府管制政策分析；

行業領域競爭狀況分析：

顧客價值分析：

B 公司內部資源與能力分析：

無形資產

有形資產

環境狀況

組織狀況

團隊狀況：高層、中層團隊思考力、分析力、判斷力、溝通力、親和力、執行力等；

(2) 戰略規劃選擇

　A 戰略態勢（方向戰略）分析：進、退、穩定

　B 企業資源與多元戰略分析：專一化或多元化

　C 跨國經營戰略分析：理想區域方向選擇 資源配置 風險評估

　D 競爭取勝戰略分析：成本領先、技術領先、集中一點 智勝之道、博弈

　E 戰略合作聯盟分析：合資、收購、兼併

　F 市場行銷戰略分析：行銷商業模式選擇 銷售公司、代理商制

　G 應急計劃：突發事件應對、環境變化、政策改變、顧客變化

(3) 戰略實施

　A 戰略實施分析

　　企業治理機制

　　組織結構

　　資源配置

　　戰略執行過程

　　戰略領導與政策

　　企業文化 人本管理

B 戰略控制分析
　控制者
　如何控制 控制系統
　控制技術與方法
　控制效果評估

以上意見請公司組織相關人員研究分析，作為編制「十二.五」發展規劃的依據。

天行，健。君子以自強不息。

地勢，坤。君子以厚德載物。

曾子曰：「戰戰兢兢，如履薄冰。」

附件：

明光浩淼消防科技公司「十二五」經營目標計劃

（何鋒君已起草的規劃）

公司近期工作要點建議

1 建議在本月底前改選公司董事會、監事會；

2 依程序聘請總經理、副總經理；

3 審定公司中層職能機構；

4 組織相關人員作前 5——10 年公司戰略分析；

5 積極籌備 12 月份專家座談會檔；

6 元旦前生產經營工作精細安排、慶祝元旦活動安排。

請君謹記：「管理是現代機構的特殊器官。」

孔子曰：「人無遠慮，必有近憂。」

（二十四）關於公司高管團隊組成及財務管理許可權的意見

1 股東會是公司最高權力機構，必須行使權力，履行義務，多多為員工謀利益。

2 董事會由 5 人組成為宜，其中股東 3 名，非股東 2 名。由於董事長出國定居，但仍控股，繼續擔任法人代表，所以要推選一名常務副董事長，主持董事會日常工作。

3 公司總經理團隊目前可由 3──5 人組成，其中由女股東一名。聘請一名懂得消防企業管理、熟悉消防車技術的業內行家擔任公司總經理，並選聘 2 名高學歷、懂管理的副總，共3──5 人組成高管執行團隊。《道德經》云：一生二，二生三，三生萬物。只要團隊成員合理分工，坦誠、及時、主動、和諧溝通，並且尊重每一位員工，善於聯繫、調動骨幹、員工的積極性，重大事宜集體研究決策，形成共識，就會生出萬物且無往而不勝矣。

4 股東們對總經理團隊要尊重、感謝他們的辛勤腦力勞動，並做到放手不甩手、信任不放任、總攬不包攬，任之以事，授之以權，付之以酬。

5 調整公司監事會人選。監事會主席由股東擔任，另推選 2──4 名相關人員組成監事會，行使公司章程賦予的職責。

6 公司財務管理：股東副董事長全面負責公司財務工作，但要讓總經理有一定的財務管理權。總經理可負責中層幹部及員工的工資、獎金、勞保福利、出差車旅費票據審批，含市場部銷售結算。常務副

董事長負責高管幹部、專家工資、獎金、福利、差旅費、及固定資產投資（設備、基建投資）、供方監管及材料採購等票據審批。

（銷售費用結算：凡今年內銷售業務合同結算仍由銷售副總會同總經理負責辦理；明年元月 1 日起，銷售費用結算由後任總經理依據公司銷售檔審批。）

以上幾點意見望公司董事會研究執行。

名譽董事長 監事會監事 Nishihelaoshi 於巢湖半湯工人療養院

2010-11-23 23.23

（二十五）當前公司經營管理工作幾點意見

1 今年是國家「12.5」國民經濟發展計劃開局之年，我們公司董事會制定了經營目標發展計劃。在以何鋒君為總經理的高管團隊的組織、指揮下，各項管理工作求精、求穩、治亂，取得了顯著成績。

2 持續改進是企業發展永恆的主題。在市場競爭日益激烈地形勢下，公司高層領導者需始終保持清醒的頭腦，牢固確立危機意識，不時分析研究市場變化出現的新形勢，不斷調整戰略佈局，切不可熟視無睹，麻木不仁，亦不可急躁。要善於積極預

防危機，及時有效化解危機。

3 當前要集中精力抓好新產品項目：

    a 高噴車項目：確保 7 月份完成生產線建設，為 8 月份投產做好充分的準備。高噴車一定要有創新亮點，一定要把高空安全救援結合為一體，以增強競爭力。

    b 油庫高噴三項射流滅火車項目：論證後快速操作，底盤是否可考慮越野輪式，解決越翻上下坡結構應是技術關鍵之一。

    c 防暴車項目：技術設計和市場銷售可相對獨立操作。

    d 其它新產品項目

4 加強生產部的管理工作：

    a 提高部門長團隊指揮能力和管理水準，強化培訓。可由人力科制定提升素質計劃，並付諸實施。

    b 加強車間建設，車間應配備技術工藝員、品質檢驗員、財務統計員，組成車間管理團隊。這是抓好生產進度、產品品質、材料成本、現場整潔安全、工人薪酬的關鍵環節。

    c 激勵機制要兌現，可每個月考評總結，正、負激勵均可使用。使激勵常態化。

    d 要關心一線工人的健康，尤其是噴塗車間要按國家人事勞動部們相關規定，按時體檢，預防職業疾病。

    e 其它

5 市場銷售工作：

    a 控制產品價格，避免放而不管，凡省，市級集中採購招標車輛，價格必須有公司財務部成本科精細核算後，報常務副董事長會同總經理、銷售副總等人共同核定批准後，方可參加

投標。

b 加強銷售業務人員教育，理順各方利益關係。客戶結算必須提供精準信息，不得從中作梗、截留相關者利益，負責追究法律責任。每個月可在適當時間集中安排業務人員學習一次。

c 積極開拓國際市場，快速組建公司北京國際貿易部，尋找「藍海」，努力完成今年 15 輛出口計劃目標。

6 文化建設

a 堅持學習國學，但必須緊密聯繫公司發展，結合實際，提升員工素質為主要目的。抓住經典原典，著重領會先哲之教誨，防止空談。

b 廠區綠化要抓好管理，禁止亂噴滅火劑，損害樹木花草。水塘周邊要整理，加防護圍牆，防止垃圾進入塘裏，對水塘造成污染。

c 車間公用廁所要有專人定時清掃，隔板可拆除。

d 節約用自來水，尤其是檢驗科要充分利用水塘水做迴圈實驗，儘量少用或不用自來水實驗消防車。節約者定獲得獎勵。

7 合資經營要積極穩妥。公司規劃發展部須多方徵求意見，聘請金融專家論證合資方案，以有利各方發展為原則。

8 團隊和諧溝通，精誠團結；充分發揮團隊成員和廣大員工的積極性、主動性、創造性；不時化解危機，消除瓶頸。

（二十六）思考合資經營工作幾點意見

1 合資目的：

　a 引進先進經營理念和管理模式，做精、做強、再造新浩淼；

　b 引進新股東，增資擴股，轉變家族企業管理瓶頸，提高企業
　　競爭力；

　c 引進新技術新項目，擴大品種，增加銷售，獲取效益，實現
　　多贏；

2 合資博弈參與人：多名參與人──在位者和進入者；

　在位者：浩淼公司股東 5 名。5 名投資人各有需求，可歸納為
　一下幾點：

　a 股權出讓比例，出讓小部分？出讓大部分？讓對方控股否？

　b 資產評估：有形資產和無形資產均須提出要求，最高目標及
　　底線出讓人要形成共識。不急於求成，但也應合乎情理，掌
　　握「中節」。

　c 進入者收購我方股權，非我方收購對方股權，故不存在我方
　　要求評估對方有形和無形資產。而進入者收購我方既有有形
　　資產也有無形資產，而且無形資產是非常重要的組成部分。

我方無形資產應含以下內容：

a 公司名稱

b 資信：全國工商重合同守信用企業、安徽省優秀民營科技企
　業、省級技術中心企業、省級 AA 級先進納稅企業；

c 技術研發產品公告、3C 認證產品數量；

d 實用新型專利、發明專利項目數量；

e 銷售市場多年經營網路；

f 企業文化。

進入者即收購我方股權者：a、b、c……

3 組建談判工作組，股東代表、法律代表、財務代表，並聘請國內業內專業人士參加談判。

4 公司高管團隊應把主要精力放在當前經營工作上，抓好三季度各項安排，為完成今年經營計劃目標而努力。

天行，健。君子以自強不息。

地勢，坤。君子以厚德載物。

（二十七）浩淼公司市場銷售問卷調查

1 市場銷售工作

　很重要　非常重要　重要　不重要

2 銷售經理人

　很辛苦　非常辛苦　辛苦　不辛苦

3 銷售經理人

　無風險　有風險　一般　非常風險

4 銷售經理人首先

　為企業謀利　為個人謀利　為顧客謀利　不謀利

5 銷售經理人博弈取勝靠

　產品品質　低價　金錢　服務　誠信　人脈

6 銷售經理人對業內同行

　要分析　不分析　一般知道　要隨時分析

7 銷售經理人對顧客需求

要瞭解　要一般瞭解　要非常瞭解　要及時瞭解
要經常瞭解

8 產品定價由
公司領導定　由銷售經理人定　由公司領導和經理人共同商定
由公司財務部門定

9 銷售合同簽訂
重要　非常重要　不太重要　一般重要

10 公司銷售副總和銷售公司經理對片區經營
積極主動　一般過問　不過問

11 公司主要領導者們對銷售人員
關心　非常關心　不太關心　不關心

12 有能力的銷售經理對售後服務工作
可以兼做　不兼做　給報酬　無時間

13 車輛出廠前銷售經理
要確認合格　不需要確認　馬馬虎虎送車

14 銷售經理人
要參加公司培訓　不要培訓　無時間　無所謂

15 本公司銷售經理
專心為本公司經營　可以兼顧其它公司業務　不可以給其它公
司賣車　可以做非本區業務　不可以做非本區業務

16 本公司銷售業務酬金結算
合理及時　合理不及時　不合理不及時　及時不合理

17 你對今年承擔的銷售任務
能完成　不能完成　努力完成　超額完成

18 你家庭對你從事銷售工作

　　支持　不支持　反對　強烈反對

19 當前市場行銷主要瓶頸

　　銷售業務人員缺少　產品品質缺陷　產品價格不科學　銷售資

　　金回籠慢　售後服務不及時　區域劃分不科學

　　公司領導者不給力　技術設計不精準

20 公司市場博弈模式

　　維繫現狀　局部調整　加強培訓　充實精英　高層給力　激勵

　　得當

　　（可多項選擇）

　　簽名　2011　年　月　日

（二十八）新產品研發問卷調查

1 公司研發投入

　　重視　非常重視　一般　不重視

2 公司對技術研發新項目獎勵

　　合理　較合理　不合理　非常不合理

3 公司高噴車新項目技術水準

　　高端　一般　有競爭力　無競爭力

4 公司高噴車差異化 可增加

　　救援功能　飛機除冰功能　破拆門窗玻璃功能　三項射流功能

5 公司系列排煙車專案重點（高效、節能、環保）

　　渦噴車 30、40、50 萬立系列排煙車

6 公司產品戰略

多品種　少而精　高端　低端

（二十九）浩淼消防科技公司管理模式再探討

1 決策、諮詢、監事、文化組織架構：

　　a 權力機構──股東會

　　b 決策機構──董事會

　　c 監察機構──監事會　黨支部　工會

　　d 決策諮詢機構──專家委員會

　　e 企業文化教育機構──黨支部　工會

2 職能執行機構：

　　a 高層執行機構──總經理團隊：總經理、副總經理、師、管理者代表、總經理助理。

　　b 中層執行機構──技術部（中心）、生產部、品質部、財務部、戰略規劃發展部、市場銷售部（公司）、總經辦。

3 董事會、總經理團隊──出思路：

　　a 公司戰略發展目標決策；

　　b 道、法、術規程制定、運作；

　　c 企業內外環境優化融合、上層關係疏通、環節梳理順暢，……。

4 中層團隊出套路：

　　a 研究、制定執行總經理團隊指令的操作程序──套路；

　　b 精細執行總經理團隊下達的各項計劃任務；

c 嚴肅、認真履行各自崗位工作職責；

　　d 關心本部門內員工，考覈部門內員工業績，呈報獎勵事蹟；

5 基層員工——走正路

　　上行下必效，員工走正道，事事須做好，競爭根基牢，取勝效益好，多贏人歡笑！

6 董事長、總經理各司其職：

　　a 董事長履行董事會職責，思考公司發展重大決策、內外環境梳理優化、固定資產投資、重大資金支付計劃、考覈總經理團隊業績並獎勵有功之臣。……

　　b 總經理是執行層最高領導者，公司經營團隊創造業績的領頭雁，全權負責公司經營活動，即要對股東負責，更須對廣大員工負責，是保障員工工資、福利的第一責任人。總經理既要積極出思路，更要引領高、中層執行團隊出套路。所以股東們和廣大員工必須尊重並鼎力支持總經理團隊履行職責，積極配合、甘當人梯。凡是公司經營工作均由總經理及其團隊決定，股東們切勿隨意干預。努力給總經及其團隊創造良好的工作環境，搞好服務，使總經理們順心、舒心、開心。

7 傳統企業管理與現代企業管理之異同：

　　a 傳統企業：組織、計劃、協調、指揮、控制。……

　　b 現代企業：以人為本，和諧溝通，領導力與執行力。……

「管理是現代機構的特殊器官。」——傑克・韋爾奇《贏》

（三十）謝　辭

我在垂暮之年，寫了這本《論語智慧與博弈研究》小冊子。由於瑣事繁雜，再加上患白內障，寫寫停停，斷斷續續。一直拖了近 10 個月才完成樣稿。

　　我在寫此小書過程中，得到我單位幾位朋友的大力幫助，尤其是秦祥工程師幫我查找了許多資料，還參與整理文稿，校正文字；公司工藝美術師 童 彤小姐說明下載資料，並創意設計幾幅示意圖片；何君霞工程師幫我排版，編寫目錄，最後審稿。對以上幾位朋友的辛勤工作，表示衷心的感謝！

　　我的家人對我的寫作也給予了大力支持，尤其是我的大女兒海燕幫我搜集浩淼公司財務統計資料，二女兒紅豔博士幫我查找了管理書報資料，我兒子倪 軍董事長也提供了浩淼公司的不少管理資料，小女代紅幫我整理浩淼公司市場銷售統計資料。對我的寫作提供了有益的幫助，在此一併致謝！

作　者於北京寓所

2013 年 **8** 月

昌明文庫·悅讀國學　A0602005

《論語》智慧與博弈研究　　下冊

作　　者　倪世和

責任編輯　蔡雅如

發 行 人　陳滿銘

總 經 理　梁錦興

總 編 輯　陳滿銘

副總編輯　張晏瑞

編 輯 所　萬卷樓圖書股份有限公司

排　　版　菩薩蠻數位文化有限公司

印　　刷　百通科技股份有限公司

封面設計　菩薩蠻數位文化有限公司

出　　版　昌明文化有限公司

桃園市龜山區中原街 32 號

電話 (02)23216565

發　　行　萬卷樓圖書股份有限公司

臺北市羅斯福路二段 41 號 6 樓之 3

電話 (02)23216565

傳真 (02)23218698

電郵 SERVICE@WANJUAN.COM.TW

大陸經銷

廈門外圖臺灣書店有限公司

　　電郵 JKB188@188.COM

ISBN 978-986-496-008-8

2017 年 7 月初版

定價：新臺幣 260 元

如何購買本書：

1. 劃撥購書，請透過以下郵政劃撥帳號：

　　帳號：15624015

　　戶名：萬卷樓圖書股份有限公司

2. 轉帳購書，請透過以下帳戶

　　合作金庫銀行　古亭分行

　　戶名：萬卷樓圖書股份有限公司

　　帳號：0877717092596

3. 網路購書，請透過萬卷樓網站

　　網址 WWW.WANJUAN.COM.TW

大量購書，請直接聯繫我們，將有專人為您

服務。客服：(02)23216565 分機 10

如有缺頁、破損或裝訂錯誤，請寄回更換

國家圖書館出版品預行編目資料

《論語》智慧與博弈研究 / 倪世和著. -- 初版.
-- 桃園市：昌明文化出版；臺北市：萬卷
樓發行, 2017.07　冊；　公分. -- (昌明文庫.
悅讀國學)

ISBN 978-986-496-008-8(下冊：平裝)

1.論語 2.博奕論 3.通俗作品

121.22　　　　　　　　　　106011170

本著作物經廈門墨客知識產權代理有限公司代理，由江西人民出版社有限責任公司授
權萬卷樓圖書股份有限公司出版、發行中文繁體字版版權。